나의 메모리
반추

나의 메모리
반추

백창현 지음

삶은 바람 따라 흘러가는 여정이며,

기억은 고요한 길 위에 머문다

나의 메모리 반추도

그 곁을 걷고 누군가를 만난다

바른북스

추천사

　백창현 님의 글은 오래전 기억의 꼬투리를 잡아 내 자신만의 의미가 더해진 '추억'으로 쌓아가는 낙낙함이 있다.
　IT와 테크놀로지의 최전선에서 일해온 그의 '메모리'는 뭔가 심상치 않은 50여 년 전 에피소드에 접근한다. 그 시절 '얼뜨기 촌놈'에서 첨단의 기술로 현장을 오가는 현재에 이르기까지 그의 인생은 새마을운동으로 시작해 K-팝의 글로벌 인기를 아우른다.
　그가 또닥또닥 쏟아낸 기억의 음미로서 '반추'는 그때 그 시절의 부모님과 친구와 현재를 살아가는 자신을 비춘다. 1990년대 30대 나이의 60년대 출생 80년대 학번을 일컫는 386세대의 오리지널인 그의 기억을 따라가다 보면 어느새 그 시절을 살아온 독자 스스로의 모습이 떠오른다. '아, 그 친구는 지금 어디서 무얼 하고 있을까?' 하며 한 번쯤 고개를 들고 잠깐 동안의 상념에 빠져든다. 이게 바로 백창현 님이 과거의 일상으로 전하는 묵직한 메시지가 아닐까?
　"인생 2막을 연 그가 잊혀가는 '우리'의 기억을 떠올려 내며 공감할 수 있는 글을 끊임없이 써 내려가길 기원합니다."

권연태 티밥미디어 대표

프롤로그

　우리네 삶의 순간순간은 흘러가는 강물 같아 무엇 하나 붙잡지 않으면 금세 구름처럼 사라지고 만다. 나는 그 흘러간 기억의 조각들을 되짚으며 조심스레 기록해 왔고 잠시 돌아보는 시간을 가졌다. 보잘것없는 이야기라 여겨졌던 평범한 나날들이, 어느새 내 마음속 깊은 울림으로 남았고, 그 작은 단상 하나하나가 시간을 거쳐 추억과 의미가 되어주었다.

　철없던 학창 시절이 지나고 짧지 않은 35년간 사회 속에서 일하며 걸어온 길, 또 그 길 위에서 만난 수많은 사람들과의 인연, 그리고 돌아올 수 없었을 같은 나락에서 정리한 것들은 내 인생의 조용한 증언이자 잔잔한 기록이다. 한 줄씩 써 내려갈 때마다 웃기도 했고, 가슴 저리게 아프기도 했으며, 어쩌면 내가 나 자신을 가장 솔직하게 마주한 시간이기도 했었다.

지난 7개월간 나의 글들이 연재될 수 있게 지원해 주신 박진희 한국정경신문 편집국장과 따스하게 품어주고 방향을 잡아 주신 권연태 티밥미디어 대표께 진심으로 감사를 전한다. 그리고 졸필을 작가처럼 대해주신 여러 독자분들과 삶을 함께 걸어준 가족 및 소중한 친구들에게도 더불어 감사의 인사를 드린다.

이제 이 글들을 한데 엮어 한 권의 책으로 내어놓으며, 세상에 드러내기엔 망설임도 있었지만, 누군가의 마음속에 잠시 머무를 수 있다면, 그것으로 족하리라 생각했다. 이 책이 나의 작은 꿈이었으며, 지금까지 걸어온 삶에 대한 고백이자 감사의 기록이 되기를 바라며 전한다. 당신도 그 시간 속 어딘가에 함께 있다면, 이 글을 통해 다시금 그때의 마음과 온기를 떠올릴 수 있기를 바란다.

내가 만들고자 하는 이 책은 나의 지난 추억과 생각들이 담겨 있고, 아픔과 기쁨 속에 부모님, 친구, 사건 등의 의미와 가치를 함께 여러분께 전하고 싶다. 때로는 지나침의 아쉬움과 함께 아련함도 있어 다시 기회가 있다면 새로운 길을 만들고도 싶다. 바람 따라 구름 따라 길을 걷는 방랑자처럼 언제 어디선가는 좋은 사람들과 다시 만나 지난 시간을 나누며 새롭게 꾸미고도 싶다.

기억과 추억을 반추한다는 건 단순히 과거를 바라보는 것이 아니라, 그 안에서 의미를 되새기고 미래를 향해 길을 내는 일이다. 이와 같은 '나의 메모리 반추'라는 타이틀은 나의 방랑자 같은 마음과 인생 여정을 담아 기억의 강물을 따라 걸으며 삶을 되돌아본다는 뜻으로 여러분께 자연스럽게 전해지길 바라며 걸어보았다. 이는 내 안에서 조용히 피어나던 생각과 단상들을 모은 조각의 모음이다.

〈아버지의 지팡이〉로 시작된 이 여정은 〈망각의 마을〉에서 무엇인가 되고픈 〈처럼〉에 이르기까지, 내 삶 속에서 지나쳤던 모든 풍경과 여행, 바람, 사람, 그리고 계절과 감정을 되짚는 시간이었다.

그리고 내가 붙인 제목은 어수룩한 작품에서 찾지 못한 하나의 풍경이며, 감정의 파편처럼 느껴질 수 있길 간절히 바란다. 더불어 누구나 가지고 있을 바람과 여행, 계절과 사람, 그리고 잊지 못할 감성들이 있었을 것이고, 이를 나의 부족한 정서와 여운으로 남기니 더 큰 의미로 풀어 가지시길 바란다.

삶의 어느 페이지 정도는 볼 수 있었지만, 수필과 시에 그때의 감정과 명확한 의미를 고스란히 담지는 못했다. 어우러지는 분위기에 따라 나의 짧은 글로 표현하기에 급급했던 아쉬움이 남는다.

그래도 그 속에 바람과 여행, 그리고 계절이 어우러지는 풍경을 묘사했고, 그 안에 부모님, 친구 그리고 나의 감성들이 함께 녹아 있다. 나의 인생의 사계절과 함께 추억과 감성을 반영하려 노력은 했다. 다시금 계절처럼 지나간 나의 사람들이 그립고 시간 위에 남아 있는 조용한 마음들이 그립다.

삶은 종종, 바람 따라 흘러가는 여행 같았다. 광장시장 사람들의 소리와 골목길의 풍경, 어머니가 삶아 주시던 콩나물 냄새처럼 아스라한 기억들이 나의 하루를 비추며 오늘도 조용히 말을 걸어왔다. 때론 〈그래서 인간은〉의 욕심처럼 스스로를 돌아보며, 때론 〈나의 노래〉를 부르듯 마음을 울리는 기억 앞에 멈춰서 기도했다. 〈만두의 추억〉, 〈북한산〉, 〈지하철〉, 〈바람〉…. 이 모든 제목들은 단어 너머의 시간이고, 〈짝〉, 〈아쉬움〉, 〈그릇〉이라는 이름 속에는 내가 놓치고 지나온 관계들의 흔적이 담겨 있다.

다시금 이 책은 나의 기억을 잇고 삶의 의미를 새기는 작은 '반추의 메모'이다. 그리고 궁극적으로는 여러분의 각자 마음에도 잔잔한 물결이 일기를 바라는 마음으로 엮었다. 내 글 속의 〈친구〉나 꿈들이 누군가의 이야기처럼 느껴질 수 있다면, 이 책은 나 혼자만의 책이 아닐 것이라 생각한다. 나는 바람처럼 살아왔고, 계절처럼 변해왔으며, 아직도 멈추지 않는 여행을 하고 있다. 그 여정에 함께해 주신 인연의 모든 분들께 이 책을 바친다.

언젠가 어디선가, 구름처럼 흘러가다 다시 만나게 되기를 기도하며…. 2025년 여름 지은이 씀.

목차

추천사
프롤로그

PART 1

어느 날의
기억들

수필

아버지의 지팡이	16
어머니의 콩나물	19
골목길	23
광장시장	26
그래서 인간은	29
나의 노래	34
어머니의 꿈	41
화분과 잡초	44
울타리 벗어나기	48
화가와 가수	51
내심외경	54
비와 눈	57
눈길	60
어제, 오늘 그리고 내일	65
어머니대성집	71

만두의 추억과 인연	74
호당	78
향나무	81
친구 I	86
친구 II	90
축구와 영업	94
최고의 친구	100
추억 속의 느림과 빠름	103
질문과 대답	110
장례 예행연습	114
음악과 테스형	117
꿈을 찾는 마을	122

PART 2

마음속의 풍경들
시

2개의 생일	128
바람 I	129
바람 II	130
일들 속에서	131
여행에서	132
여행	134
산에서는	135
가수	136
화가	138
무조건	140
태양은	141
그릇	142
역	143
비우기	144
여행은	146
짝	147
겨울의 마지막은	148
지하철	149
북한산	150
아쉬움	152
움	153
신문명	154
봉정을 찾으며	155
봉정을 그리며	156
봄 II	158
강남의 아침에	159
비가 온 뒤에	160

PART 3
느낌에 다가온 '처럼'
시

'처럼'의 의미	164
바람처럼	166
구름처럼	167
비처럼	168
눈처럼	169
돌처럼	170
물처럼	171
불처럼	172
낙엽처럼	173
길처럼	174
철로처럼	175
열차처럼	176
누리처럼	177
봄처럼	178
여름처럼	179
가을처럼	180
겨울처럼	181
착각의 늪처럼	182

에필로그

PART 1

어느 날의 기억들

수필

아버지의 지팡이

　지난해 힘든 수술을 하고 너무 힘든 고통을 겪었다. 미약한 자존심인지 나의 아픔을 누구에게도 말하고 싶지 않았다.
　몸 상태가 조금 좋아진 이제, 일상의 활동이 가능하고 그때의 심정과 다르게 나의 옹졸함이 느껴진다. 하지만 그때 상황과 고통은 어찌 말할 수 없도록 견디기 힘들고 심했으며, 병원에서 처방해 준 진통제조차 잘 듣지 않았고, 가족들의 위로도 도움 되지 않아 그냥 머리를 박은 채 신음할 수밖에 없었다. 잠시의 거동에도 기구에 의지해 걷고 활동도 자유롭지 못하고 모든 움직임이 원활하지 못했다.

　그즈음에 나의 고통보다 더 큰 상황으로 돌아가셨을 부모님이 절실히 생각났고, 제발 더 아프지 않도록 도와 달라고 간절히 기도를 하면서 그리움에 사무쳤다. 그와 더불어 돌아가신 아버지의 지팡이가 불현듯 생각이 났다.
　아버지는 지병인 고혈압과 당뇨로 오랜 기간 병마에 시달리셨다. 그로 인해 신체 왼쪽에 마비 증세도 있었으며, 허리까지 좋지 않으셔서 먼 거리 걷기가 불편하셨다. 그래서 좋아하지는 않으셨지만, 보행에 도움이 된다는 의사의 말에 따라 지팡이를 사드렸다. 어머님이 먼저 돌아가셔서 혼자였던 아버지는 용산의 실버타운에 계셨고, 몸이 불편하신 분들 중에는 지팡이에 의지하시는 분들이 다수 계셨다.

아버지는 지팡이를 짚고 다니시는 분들의 모습이 보기 좋지 않으셨는지, 지팡이를 한두 번 사용하시다 사용을 멈추셨다. 가끔 아버지를 뵈러 갈 때 여전히 한쪽 편이 부자연스럽고 걷기도 힘들어하실 때가 많았고, 그럴 때면 나는 퉁명스레 아버지께 지팡이를 짚으면 좀 편안할 것인데 하며 사용하시길 강요했던 것 같다. 하지만 아버지는 자신의 건장함을 모두에게 보이고 싶은 남자의 마음이셨을 테고, 아직은 지팡이에 의존하는 것이 겸연쩍기도 하셨던 것이었다.

역사 속에서 지팡이는 나이 든 어른께 바치는 감사와 영광의 상징이었다. 청려장(靑藜杖)이라 하여 밭이나 들에서 흔히 자생하는 비름과의 한해살이 식물인 명아주로 만든 지팡이였고, 어르신들의 무병장수를 상징하는 것이었다. 청려장의 역사는 당나라 시인 두보의 작품 〈모귀(暮歸)〉에 "명일간운환장려(明日看雲還杖藜)"라는 시구가 있고, 여기서 '장려(杖藜)'가 청려장을 가리키므로 7세기경부터 사용했던 것으로 보인다.

우리나라에서도 신라 시대의 김유신 장군이 노령을 이유로 은퇴를 결심했을 때 문무왕이 이를 만류하며 내린 것이 등받이와 지팡이였다고 한다. 조선 시대에는 장수한 노인의 상징으로 여러 종류의 청려장이 있었다. 쉰 살이 된 아버지에게 자식이 바치는 '가장(家

杖)', 예순이 되었을 때 마을에서 선사하는 '향장(鄕杖)', 일흔에 국가에서 주는 '국장(國杖)', 여든 살이 되었을 때 임금이 하사하는 것을 '조장(朝杖)'이라 하였다. 이처럼 역사적으로 단순한 지팡이가 아니라 집안, 마을, 국가를 위해 헌신해 온 생애를 공경한다는 뜻을 담고 쇠약해진 몸을 의탁하지만 지혜와 자존감을 널리 펼쳐달라는 것이었다.

내가 아버지께 지팡이를 마련해 드렸을 때는 아버지도 여든이 넘으셨으니, 조선 시대였다면 이미 4개의 자랑스러운 지팡이를 가지셨을 것이다. 하지만 현재 대한민국에서는 1992년부터 백 세가 되어야 '세계 노인의 날'인 10월 2일에 대통령이 청려장을 수여하는 것으로 바뀌었다. 이제 백 세는 넘어야 국가와 집안의 영광스러운 어른이 될 수 있다는 것이다.

아무튼 청려장은 아니었지만 아버지의 불편함을 덜어드리고자 사드렸던 정성이 부족한 지팡이는 어떤 이유인지는 명확하지 않지만 항상 현관 앞에 놓여 있기만 했다. 결국 아버지는 손때를 묻히지 않은 채 먼 길을 떠나셨다. 다시금 생각하면 정성이 깃든 좀 더 좋은 청려장 이상의 지팡이를 드리지 못한 것에 송구하며 그저 모자란 나를 자책할 뿐이다. 지금은 어딘지 모를 그곳에 계신다면 현세의 모든 아픔 던지고 내세의 편안한 삶을 누리시길 기원한다. 그곳에서는 아버지의 지팡이가 더 이상 필요하지 않으시길….

어머니의 콩나물

　나는 콩으로 만든 식품과 반찬을 좋아한다. 콩은 옥수수, 밀, 쌀과 함께 인류의 4대 곡물에 속하며, 콩나물, 두부, 비지, 된장, 청국장, 콩죽 등을 만드는 재료로 쓰인다. 또한 콩은 오곡 중의 하나로, 오곡(五穀)은 도서직맥숙(稻黍稷麥菽)으로 벼, 기장, 피, 보리, 콩을 일컫는다.

　콩은 단백질과 지방이 풍부하여 그 자체로도 먹지만, 콩나물로 재배해 먹기도 한다. 콩나물(Bean Sprouts)은 콩을 물이 잘 빠지는 그릇 따위의 시루에 담아 그늘진 곳에 두고 주기적으로 물을 뿌려 줄기와 뿌리를 자라게 한 것을 말한다. 또는 그것으로 요리한 나물도 콩나물이라 하며, 역사적으로는 콩의 원산지가 고구려의 옛 땅인 만주 지방으로 추정되는 것으로 미루어 오랜 전통의 음식 재료라고 여겨진다.

　콩나물은 콩으로 있을 때에는 없던 비타민C가 함유되어 있어 야채가 귀한 겨울철에 귀중한 비타민 공급원이 되며, 우리나라에서만 주로 먹는다고 한다. 아삭한 식감과 구수하고 시원한 맛을 바탕으로 주로 국과 나물무침으로 많이 먹어 국민 반찬으로도 불린다. 그 외에도 콩나물은 밥, 잡채, 볶음, 김치 등에 이용되고, 특히 전주 콩나물국밥과 비빔밥, 진주비빔밥, 마산의 아구찜과 미더덕찜, 해물찜류 등에 빠져서는 안 되는 요리 재료로 다양하게 활용되고 있다. 이처럼 우리의 밥상에 자주 출현하는 콩나물을 재료로 한 반찬은 너무나 다양하며, 수많은 추억과 이야기들이 있을 것이다.

그중 콩나물국에 대해 어머니가 말씀하신, 웃기고도 슬픈 기억이 있다. 어머니가 외가댁 맏딸에서 벗어나 백가네로 시집을 오셨을 때 시어머니인 할머니네와 큰집에 함께 사셨는데, 그때는 13명이나 되는 대가족을 이루었다고 한다. 대가족에는 당연히 식사 준비가 주부의 제일 큰일이었고, 당연히 밥보다는 반찬을 만드는 게 더욱 번거로웠다.

그중에 자주 빠지지 않는 음식이 국이었고, 특히 자주 상에 오르는 콩나물국에 대한 에피소드가 있었다. 대가족 중에서 어른들 순서에 따라 국을 뜨다 보니, 앞쪽에 콩나물 건더기가 많이 가고 나중에는 콩나물 대가리만 남는 경우가 많았다.

잠깐 옆길로 새자면 영양학적으로 콩나물은 비타민과 아스파라긴산이 풍부하여 숙취 해소에 좋으며 섬유소를 함유하여 변비에도 개선 효과가 있다. 대가리에는 단백질과 탄수화물 및 비타민, 지방,

엽산 등이, 줄기에는 무기질 식이섬유와 칼슘, 철분 등이 함유되어 있다. 더불어 콩나물에는 단백질, 탄수화물, 무기질, 올리고당이 적절하게 성분을 이루어 피로 회복에도 좋으며 질병으로부터 몸을 보호하고 면역 기능을 높여줘서 고혈압과 갱년기에 도움을 준다고 한다. 그래도 대부분 식감이 좋은 줄기를 좋아하며, 영양을 위해서는 골고루 먹는 것이 좋다고 한다.

그러나 국을 뜨다 보면 남은 콩나물 대가리가 마지막 순서로 뜬 어머니의 국그릇에 많았고, 자연히 어머니는 콩나물 대가리를 좋아하신다고 다른 사람들의 뇌리에 각인되었음이다. 그러다 아버지의 직업상 분가를 하시게 되었고, 그때부터는 콩나물국과 콩나물 대가리는 가능한 한 드시지 않으려 했다는 것이다.

가끔 대가족이 다시 모일 때면 으레 어머니는 콩나물 대가리를 좋아하는 분으로 여겨 더 담아 주는 대접을 받기에 이르렀다. 콩나물 대가리가 싫었던 어머니는 음식에 대한 불호를 보이시지 않기 위해 그냥 묵묵히 뜨셨다. 하지만 세월이 흘러 새색시를 넘어서 어느 정도 자신의 목소리를 낼 수 있는 위치가 되신 어머니는 콩나물을 그다지 좋아하지 않고, 콩나물 대가리는 더욱 좋아하시지 않는다 고백을 하셨다. 그제야 어머니는 콩나물 반찬이나 국에 대한 두려움과 고통에서 벗어나셨다 했다.

그 이후 콩나물 대가리는 더 이상 어머니 국그릇에 담기지 않았고, 간혹 콩나물국을 먹을 때면 콩나물 지옥을 벗어나신 말씀에 함께 그 아픈 추억을 되새겨 밥상머리를 웃음바다로 만드셨다. 그 시절에 갓 시집온 새댁의 말 못 하는 사연이나 음식에 대한 호불호도 쉽게 표현할 수 없는 상황이 요즘의 현실에는 쉽게 와닿지는 않겠지만 '그때 그 시절'의 얘기다.

대가족이 살면서 만드는 기쁨과 아픔의 에피소드는 이뿐이 아니겠지만 그 시절의 정겨움은 이제 점차 사라져 간다. 산업화와 도시화가 진전되면서 핵가족화가 보편화되고 많은 가족이 모이면 외식으로 대체되는 경우가 많아 그 시절의 시끌벅적한 유대관계가 이제는 개성과 알콩달콩한 분위기로 바뀌어 간다.

대가족의 생활이 마냥 좋은 것이 아니지만 가까이 자주 함께하지 못해서 잊히고 멀어져 가는 일가친척의 관계가 아쉽기만 하다. 콩나물 하나로도 우여곡절 추억이 만들어졌던 그 시절을 다시금 기억해 보며, 아침 밥상에 오른 콩나물국을 맛있게 먹는다. 그리고 찡하게 떠오르는 어머니에 대한 사무친 그리움이 더욱 깊어지며 어머니 손맛이 그리워진다.

골목길

 자동차가 아쉽지 않던 그 시절의 아련한 추억들을 가득 품고, 자연미가 살아 있던 꼬불꼬불한 골목길이 그리워진다.

 타버린 잿빛 연탄재와 깨진 벽돌들이 뒹굴던 그때의 그 골목길은 지금보다 풍요롭지는 않았지만 더 많은 이웃의 정과 친구들의 활기찬 숨소리가 있었다. 아침이면 두부 장수의 요란한 종소리가 있었고, 학교를 등교할 때면 언제든 마주치는 어여쁜 그녀에 대한 가슴 설렘도 있었다. 아들의 자취방 골목을 벗어나 떠나가시는 부모님의 뒷모습을 바라보며 아쉬움과 그리움이 사무쳤다.

 그래도 친구들과 눈 감고도 누비던 그 골목은 낮과 밤이나 사계절 따라 꿈과 추억이 있었다. 형광빛 새싹들이 움트는 봄이면 을씨년스럽고 조용했던 골목이 더욱 활기차게 붐비기 시작했고, 누구의 눈치도 보지 않고 벌거벗은 알몸으로 찬물을 끼얹으며 여름 무더위를 쫓으며 골목을 누볐다.

 청량한 바람이 불기 시작하는 가을이 오면 담을 넘은 대추와 붉게

익어가는 감은 심심한 간식거리를 주는 골목이었다. 놀이터처럼 하얀 눈 위를 뒹굴다가 터질 듯 시린 손발을 비벼가며 양지바른 담벼락을 찾았던 그 골목도 아련한 듯 따사롭다. 이른 아침부터 만났던 친구들과 지치지도 않은 채 놀이에 빠져 끼니도 넘기며 해가 뉘엿뉘엿 서산에 잠기는지도 모를 때도 있었다. 때로는 어둑한 밤 달빛을 조명 삼아 함께 마냥 즐겁고 신나게 떠들고 놀았던 그 시절 골목길이 그립다.

놀거리 먹거리가 다양하지 못했었고, 교통이나 통신이 발전하지 않아서 요즘같이 다양한 문화와 환경이 없었기에 그 골목이 다른 모습과 추억으로 남았을 것이다. 내 추억의 풍성함을 담은 넉넉한 길로 기억된 그 골목길, 세월의 흐름 속에 새로운 문물을 접하며 다시 찾은 그 골목길은 두 사람이 지나가기도 어려울 정도로 좁고 구불구불해 통행이 불편하고 궁핍하게도 느껴졌다. 그저 낡고 초라하게만 느껴지는 좁고 미로 같은 골목길이 탁 트인 신작로처럼 뻥 뚫리고, 정비되고 큰길에 자리를 내주기를 내심 바라고 있었다.

더불어 낡고 지저분한 한옥이나 좁고 불편한 골목보단 넓은 길에 맞닿아 자동차가 마음껏 드나드는 대궐 같은 양옥에 살고 싶었다. 더 나아가 깔끔하게 정비해 다양하고 편리한 혜택을 함께 가져다준다는 아파트를 갖길 바랐고, 그 꿈을 설렘과 함께 탁 트인 길에 멋지게 꾸며진 빼곡한 아파트에 입주하는 기쁨과 환호의 그날이 있었다. 하지만 그 깨끗함과 편리함 속에 갇혀버린 각자의 삶은 골목의 소통과 나눔을 가져올 수 없었고, 서로를 위한 인정도 끊겨져 버렸다.

아직도 남겨져 있는 골목은 그저 보존이라는 이름과 추억의 볼거리로 개발이 못 미쳐 썰렁하고 왜소한 모습으로 남아 있다. 하지만 그 골목들이 한국의 전통과 유물로 여겨져 많은 젊은이들과 외국인들에게는 예스러운 자연미와 신기함을 주어 찾고 있으며, 기성세대들도 지난 시절에 대한 아련한 추억을 되새기며 좁고 구불구불한 골목길을 다시 찾아 걷고 있다. 물론 그 옛날의 소통과 나눔이 전해지는 곳이 아니라 구경거리로 유물처럼 빌딩 숲에 남겨진 채, 바뀌어 버린 골목은 먹거리와 놀거리의 가게들에 의해 그저 복잡하기만 하다. 그 안에 사는 사람들의 온기와 문화는 잊히고 또 다른 다툼이 생겨난다.

나도 어느새 거대한 아파트와 집단 시설에 익숙해졌고, 도시 생활의 삭막함과 편리함만을 좇아 왔지만 골목길에 대한 넉넉함과 다정함을 찾고 싶고 그리워진다. 단순한 즐김보다 정감과 느낌을 찾는 나이가 돼 보니 그 시절 골목길과 아련하게 떠오르는 친구들이 그립다.

광장시장

가끔 점심에 청계천을 따라 광장시장으로 간다. 길의 옆에는 방산시장과 광장시장이 있고, 허술해 보이는 그 시장 안에서는 원해서 주문하면 전차도 로켓도 만들 수 있다는 '썰'이 있었을 정도로 변화했지만 이제 현대화 개발에 밀려 잊혀 간다. 나는 큰 기대도 가지지 않고 광장시장에서 뭔가를 찾으려 하지도 않았다. 그 긴 먹자골목에 유명하다는 빈대떡도 마약김밥도 육회도 아닌 한 그릇의 칼국수를 먹으러 갔다.

종로의 멋진 고급식당마냥 여러 메뉴를 고민하지도 않고 미쉐린 가이드에 오른 맛집처럼 긴 줄 서서 기다릴 필요도 없다. 그저 사람들 부대끼는 긴 시장 골목에 늘어선 가게들을 지나다 얼굴도 보지 않은 채 무심히 툭 던지는 "안녕하세요. 이리 앉으세요."라는 말에 이끌려 입구의 국숫집에 자리한다. 몇 명인지 뭘 먹을 건지 그리 재촉도 하지 않는다. 내가 먹고픈 "국수 주세요." 한마디에 끓는 육수에 썬 국수 면을 넣고 야채도 적당히 익혀내서 고명 김을 뿌려 김치와 뚝딱 내어준다. 겨울이 지난 시점의 초봄에는 잔치국수도 차림표에 올라 있지만 추위가 가시지 않은 날씨 탓에 자연스레 칼국수를 내주신 것 같다.

　차가운 겨울, 바쁜 시장 왕래 길에 잠시 짬을 내 급히 먹었다던 뜨끈한 칼국수에 내 어린 시절을 투영한다. 큰아버지와 아버지 형제는 국수를 너무나 좋아하셔서 최고 별미로 꼽으셨다. 긴 겨울밤, 술 한잔에 세상사 나누시고 들어오신 한밤에도 멸치 육수에 김치 고명을 올려 야참으로 세상사 힘든 고난을 녹이셨었다. 심지어 전날 해장으로 드신 국수가 두부처럼 불어도 다음 날 아침에 맛있게 드시곤 하셨다. 그래서 겨울철이면 밀가루를 반죽해 두고 때맞춰 밀대로 얇게 밀고 썰어 끓여 드시게 준비해 두셨던 어머니 모습도 아련하다.

　여름날에는 칼국수가 아니라 멸치 육수를 내려 시원하게 식히고, 소면을 쫄깃하게 삶아 차가운 물에 전분기를 깨끗이 씻어내어, 청홍황 고명을 올려 국그릇보다 큰 그릇에 담아내는 잔치국수가 주인공이 되었다. 그 또한 국수인지라 너무나 좋아하셨고, 많은 양을 순식간에 후루룩 드셨다. 아버지와 나는 자주 대화를 나누는 편이 아니라 친근하지 못했고, 별로 닮고 싶은 마음도 없이 데면데면했지만, 아버지 못지않게 나 또한 국수를 너무나 좋아한다. 국수에 대한 추억에 잠겨 뭉클해진 마음은 어느새 어머니까지 떠올리고 눈에는 눈물이 고인다. 보고 싶고 그립다.

"국수 불어요. 어서 드세요." 아주머니 말씀에 후다닥 추억과 그리움을 접어두고, 칼국수 그릇에 얼굴을 대고 후루룩댄다. 국수의 따스함, 감동처럼 밀려드는 시원한 국물의 진미를 담고 다음을 기약하며 광장시장 먹자골목을 빠져나왔다.

현실은 그 맛난 추억의 국수를 줄여야 한다는 것이다. 밀가루는 소화하기가 어렵고, 특히 글루텐 단백질 성분이 건강을 악화시키며 비만을 유발할 수 있다고 한다. 그리고 장내의 환경까지도 무너뜨리며 면역력까지 떨어뜨려서 내 건강 상태를 나쁘게 만들며, 장내 곰팡이균의 먹이가 돼 유산균 서식을 방해하기 때문이라 한다. 그뿐 아니라 탄수화물 과다로 인한 중독, 성인병 유발에도 영향을 끼친다고 하니 뭔가를 먹을 때에도 주저할 수밖에 없다.

나는 아직도 잡곡류와 섬유 함량이 많은 통곡물 형태로 섭취되는 것이 건강에 도움이 되고, 채소와 단백질 반찬을 추가로 섭취해 균형이 있는 식습관을 유지하여야 한다는 식단 추천을 받고 있다. 나의 별식이었고 추억이었던 국수를 떠올리면 먹고 싶은 고통과 그리움으로 쌓일 뿐이다.

그래서 인간은

　인간의 욕심은 끝이 없어 더 많이 가지길 원하여 더 큰 것을 바라고 최고만을 좇으며 무리한 행위를 한다. 짧은 생각이지만 욕심을 제어하고 마인드를 바꾸는 것으로 더 나은 삶을 지향할 수 있는 방법도 없지는 않다.

　많은 것을 가지려면 뛰어난 지략과 노력이나 큰 운 등이 따라야 하고, 이를 바탕으로 이룬 것을 담을 수 있는 그릇도 필요하다. 그릇의 크기와 채움의 정도는 삶을 통해 만들어진 결과에 맞춰 가질 수 있는 양으로 정해진다. 그릇은 어떤 일을 해나갈 만한 능력이나 도량 또는 그런 능력이나 도량을 가진 사람에 대해 비유적으로 쓰이기도 하며 그 크기가 만들어진다.

　하지만 이런 그릇에 넘치는 생각이나 행동은 분수에 넘친다는 말을 하고, 분수에 넘치는 끝없는 욕심 때문에 수많은 문제들에 부딪히는 일이 비일비재하다. 분수는 사물을 분별하는 지혜나 자기 신분에 맞는 한도이고, 사람으로서 일정하게 이를 수 있는 한계를 뜻하며, 분수에 넘치게 무엇을 탐내거나 누리고자 하는 마음을 욕심이라 한다.

　이렇게 인간의 욕심은 분수에 넘쳐 그릇에 담을 수 없는 생각과 행동을 일컫는 그릇된 인간의 모습을 말하는 것이다. 하지만 인간은 자신의 지혜나 능력치의 한도와 한계를 벗어나는 부를 가지려 하고, 권력을 탐내며, 명예를 갈구한다. 그렇게 해야 성공하고 가진 자가 되며 차별화된 삶을 일군 것으로 믿는다.

 진정으로 가진 자가 되기 위해서는 욕심을 버려야 하고, 가진 그릇을 비우고 더 많은 지혜와 노력을 집중해야 지금의 한계를 넘어서는 결과를 가질 수 있다. 이와는 다르게 모든 것을 포기하고 무소유를 추구하며 원시적 자연으로 돌아가길 원하는 사람들도 적지 않다.

 일그러지고 지나친 욕심을 부추기는 데는 두 가지 큰 요인이 있고, 그것은 무지와 유혹이라 생각한다.

 첫째, 무지는 아는 것이 없이 미련하고 어리석게 나쁜 방향으로 이끌리게 하는 상태에 놓이기 쉬워 이때 욕심까지 더하게 되면 걷잡을 수 없는 길을 갈 수밖에 없다. 어떤 것을 무한히 가지려는 욕심은 있으나 그 분야에 대한 전문적이고 깊은 지식이나 지혜도 부족하고, 노력도 하지 않은 채 그저 더 가지려는 비현실적 자신만 가득하다. 이러한 무지는 욕심을 키우기만 하고 방향이나 과정을 알 수 없으며 결과를 판단할 능력도 없다.

 둘째, 욕심을 더 키우는 것은 유혹으로 상대를 속이고 꾀어서 정신을 혼미하게 하거나 좋지 않은 길로 이끈다. 그 결과는 문제와 패망만이 남는다. 이 유혹은 무지를 채우기 위해서 잘 받아들여질 수 있으며, 또한 욕심을 간단히 얻기 위해 쉽게 나쁜 길로 빠지기도 한다. 유혹은 다양한 방법으로 갖은 미사여구로 포장돼 은밀히 다가와 자신도 모르게 허황한 욕심에 빠져 헤어나지 못할 결과를 초래한다.

끝없는 욕심을 갖게 되면 바른길을 찾아가기 힘들다. 여기에 더해 무지한 상태로 유혹까지 받는다면 어두운 결과로 이어질 게 뻔하다. 하지만 세상에는 가진 다양한 욕심만큼이나 많은 무지가 있고, 변화무쌍한 유혹이 따라붙는다. 그래서 인간은 무지하고 유혹에 쉽게 넘어가 욕심 만 그득 차 있는 것 같다. 그럼에도 불구하고 오늘도 부만 축적하려 하고, 막강한 권력을 쥐기 위해 물불 가리지 않으며, 무한한 명예를 찾아 헤매며 무지와 유혹의 깊은 늪에 빠져 있다. 욕심만 가득한 자들은 노력과 도전의 극복을 통해 가진 자를 그저 비난만 하고 헐뜯기도 한다. 가진 자들은 넓은 아량을 가지고 베풂과 봉사의 삶을 가지고 세상을 두루 살펴야 한다.

삶을 윤택하게 하고 욕심을 버리는 방법은 무엇일까 생각해 본다. 지나친 욕심에서 벗어나는 길 중 하나는 분수에 맞는 삶을 찾는 것이다. 그 삶에 갖춰야 할 것은 다음과 같은 네 가지의 생각과 행동, 준비에 대한 절차가 아닐까 싶다.

① 스마트한 목표와 계획을 준비하라. '스마트(SMART)하다.'는 것은 구체적인(Specific) 표현으로, 측정 가능한(Measurable) 형태로 수치화하여, 실천 가능한(Attainable), 현실성(Realistic) 있는 내용을 갖추며, 기한(Time Limited)이 있는 것이어야 한다. 삶을 이렇게 목표하

고 계획하기가 쉽지 않겠지만 최대한 의지와 뜻을 세우고 계획에 의거한 실천을 하는 것이 필요하다.

② 목표에 도달할 수 있는 자원을 갖추어라. 목표에 이르고 계획을 실천하기 위해 필요한 자원은 너무나 많고 다양하다. 목표를 향한 실행에는 자원 없이 계획을 진행할 수 없으며, 부족함이 있다면 이를 보완할 대응책도 마련해야 한다. 이에 대한 대표적 자원은 자신의 능력과 자질, 노력을 근거로 시간, 자금, 기술, 협력 및 조력자 등이 있어야 한다. 하지만 어떤 형태로도 구할 수 없는 자원이 있다면 목표나 계획을 변경해야 할 수도 있다.

③ 부족함은 협업과 지원을 받되 의지하지 않도록 하라. 무지함을 보완하기 위해 적절한 협업과 지원은 필요하며, 교육이나 배움도 끝이 없다. 하지만 협업과 지원은 무지를 보완하고, 어긋난 유혹을 벗어나기 위한 것이어야 하지 무한 신뢰와 의지로 그 목표의 결과까지 맡길 수 없다. 결국 최종 결정과 선택은 스스로 하는 것이며 그 결과도 자신이 가지는 것이다.

④ 변화와 환경에 따른 수정 보완을 신속히 하라. 목표는 시간과 조건, 자원 및 환경과 함께 변화될 수 있는 것이며, 이에 맞춘 신속한 목표와 계획의 변경을 필요로 한다. 때로는 나의 계획과 다르게 외부적 요인으로 목표가 빠르게 완성될 수 있으며, 새로운 요인으로 목표를 높일 수 있기도 하다. 이러한 도전은 욕심이 아니라 노력과 함께하는 것이다.

이 네 가지의 욕심 버리는 방법은 상호 연계성이 있으며 각각의 변화에 따라 상호 간의 조정이나 보완이 이뤄질 수도 있다. 그러므로 우리가 살아가는 내내 지나친 욕심을 버리기 위해서는 분수에 맞는 삶을 찾아야 하고, 환경과 조건의 변화에 따른 세태에 **빠른** 대응이 다시금 강조된다. 삶을 좀 더 윤택하고 알차게 만들기 위해 허황된 욕심을 덜거나 떨쳐내는 게 행복하고 멋진 삶의 시작이 아닐까 싶다.

나의 노래

어린 시절 얼큰하게 술을 드시고 흥겹거나 서글픈 기분으로 낡은 상을 두드리며 노래하시던 어른들이 생각난다.

왜 그렇게 술을 즐기며 좋아하고, 흥에 겨워 춤을 추며 노래를 하는지? 우리 민족의 특성이 춤과 노래를 좋아하는 민족이어서 그랬던가? 그래서 지금은 K-문화가 세계에 융성하고 춤과 노래를 뽐내며 열광의 도가니로 이끄는 것인지도 모르겠다.

나도 음악과 노래를 좋아하며 그중 진한 추억이 담겨 있는 첫 번째 노래를 꼽자면, 그것은 오래된 〈희망가〉이다. 이 노래는 암울한 시절에 시대적 의지를 절절하게 희망과 꿈으로 물어가며 포기하지 않고 민중들이 노래했기에 나도 좋아하며 자주 흥얼거린다.

노래의 원곡은 영국 춤곡에서 유래돼 미국에서는 찬송가로 불렸고, 1910년에 일본에 전래되어 미스미 스즈코(三角錫子)라는 여교사가 이 곡에 보트 전복 사고로 죽은 같은 학교의 여학생들을 추모하는 본인의 자작시를 붙여서 〈새하얀 후지산의 뿌리(眞白き富士の根)〉라는 진혼가로 불렸다고도 한다. 그래서 이 노래의 곡조에는 애절함이 담겨 있는 것 같다.

국내에선 기독교 신자 임학천이 작사를 하여 〈이 풍진 세상을〉이란 제목으로 박채선, 이류색 두 민요 가수에 의해 1921년에 발표돼 1930년대에 크게 유행한 대중가요의 고전으로 알려져 있다. 국내 최초의 대중가수 채규엽(蔡奎燁)의 레코드로 취입되어 대중적으로 더욱 널리 전파되었다. 이후에 〈이 풍진 세상을〉은 시대의 흐름에 따라 제목이 〈희망가〉로 바뀌었다.

일제 치하에 있었기에 참으로 암울한 노래 가사와 함께 나라 없는 민족의 설움을 표현하며 민중가요로 널리 알려졌다고 본다. 즉, 암울한 시기의 설움을 담은 노래 가사와 함께 조금은 우울하고 비탄한 분위기도 있었으며, 다분히 식민지 시대의 암울한 사회를 반영하여 슬픈 느낌의 곡조와 함께 응어리진 한이 깃들어졌다.

그 이후에도 민중들 사이에서 꾸준히 전파되고 불리면서 비탄과 절망감뿐만이 아니라 진정한 행복과 희망이란 무엇인가에 대한 물음에 답하는 철학과 사유(思惟)의 음악으로서 60~70년대까지 풍미했다.

어린 나는 그 의미를 전부 알 수 없었지만 많은 이들이 먼 시선으로 희망을 갈구하는 표정으로 이 노래를 부르는 것을 듣고 자랐으며, 어느 때부터는 한잔이 아쉽고 우울한 자리에서 '이 풍진 세상을 만났으니'로 시작하는 그 노래가 내 입에서도 흘러나왔다.

다시금 아련한 음률과 함께 〈희망가〉를 되새겨 본다. 과연 지금의 나의 희망은 무엇이며, 그 희망은 과연 부귀와 영화인지? 그래서 다시 한잔 술에 잠겨질 때면 또 한 번 희망을 생각해 보고 꿈과 망각으로 실현되는지 상상하며 그 가사를 음미한다.

〈희망가〉

이 풍진(風塵) 세상을 만났으니 너의 희망이 무엇이냐
부귀와 영화를 누렸으면 희망이 족할까
푸른 하늘 밝은 달 아래 곰곰이 생각하니
세상만사가 춘몽 중에 또다시 꿈 같도다

이 풍진 세상을 만났으니 너의 희망이 무엇이냐
부귀와 영화를 누렸으면 희망이 족할까
담소화락(談笑和樂)에 엄벙덤벙 주색잡기(酒色雜技)에 침몰하야
세상만사를 잊었으면 희망이 족할까

누구에게나 큰 의미 없이 흥얼거리는 노래가 있겠지만 나에게 각인되어 있는 두 번째 노래로 〈늙은 군인의 노래〉가 있다. 나 또한 군대 생활을 하고 전역을 했지만, 그리 늙지 않은 시기에 군대에 다녀왔기에 제목이나 가사 때문에 각별한 것은 아니다.

이 노래는 고(故) 김민기 선생이 작사, 작곡하고 양희은 선생이 부른 노래다. 김민기 선생이 카투사 군복무를 하던 중, 민주화의 요주의 인물로 찍힌 그의 입대를 알게 된 수사 기관의 통보와 당시 통치자들의 명령으로 인해 한국 육군인 원통의 12사단 51연대 1대대 중화기 중대로 쫓겨나게 되었다 한다.

그가 옮겨간 원통은 누구라도 꺼려하던 '인제 가면 언제 오나 원통해서 못 살겠다'던 오지였고 험지였다. 그래도 외로움과 함께 인간미가 풍기던 그때 그 시절 군 막사에서 전역을 앞둔 선임 하사가 김민기 병사에게 자신의 30년간 군복무 이야기를 노래로 만들어 달라고 부탁했다. 막걸리 2말을 청탁의 대가(?)로 받고서 노래를 짓게 되었다고 하는데, 그것이 바로 1976년 겨울에 탄생한 〈늙은 군인의 노래〉다.

이 또한 나에게 각인될 만큼의 큰 사안이나 사연은 아니었지만, 그저 까까머리 고교 시절에 유행한 포크송과 함께 민중 저항의 가수였던 김민기 선생을 좋아했고 낭랑한 목소리에 풋풋한 미소를 띤 양희은 선생의 독특한 음색을 너무나 좋아했기 때문이었다. 그렇게 좋아하던 가수의 노래로 가사보다는 소리를 따라 각인되었던 노래였다.

군 입대 후 막연히 〈늙은 군인의 노래〉와 같이 젊은 청춘을 푸른 제복에 가두고 나라 사랑이란 큰 임무로 희생하고 있다는 동질감이 더 가중됐다. 나뿐만 아니라 많은 군복무자들이 푸른 군복과 함께 젊은 청춘을 바친 회한과 아쉬움이 있었을 터, 그리고 막연하게 소박한 나라 사랑의 마음을 담아 구전된 이 노래를 흥얼거렸을 것이다. 하지만 그 시절을 호령하던 군부 정권은 '흙 속에 묻히면 그만이지', '푸른 옷에 실려 간 꽃다운 이 내 청춘' 등을 패배주의적이고 나약한 가사로 문제 삼아 금지곡으로 지정했고, 다른 청춘들과 더불어 나 또한 더더욱 비밀리 가슴으로 부르며 더 깊이 뇌리에 각인됐다.

그렇게 금지곡으로 지정된 이 노래는 군을 제대한 후에도 독재에 저항하던 대학가와 노동 현장에서 불렸고, 원곡의 노랫말인 군인이 노동자로 개사돼 대표적인 저항의 노동가로 불렸다. 물론 민주화 운동 이후에는 민중들의 소박한 나라 사랑을 담은 곡으로 해석되면서 정부 행사곡으로도 사용되고 있으며, 현충일의 추념식에서 추모곡으로 불리기도 했다.

군인의 나이를 따져봤자 30여 년의 군 생활에 더해 예순을 넘지 않으므로 요즈음 세태로 보자면 그다지 늙었다고 볼 수 없다. 하지만 군대를 하나의 생활 터전으로 지내오며 살아가는 군인들과 노동 현장의 노동자들을 생각하며 이 노래를 적고 음미해 본다.

〈늙은 군인의 노래〉

나 태어난 이 강산에 군인이 되어
꽃 피고 눈 내리기 어언 삼십 년
무엇을 하였느냐 무엇을 바라느냐
나 죽어 이 흙 속에 묻히면 그만이지

아 다시 못 올 흘러간 내 청춘
푸른 옷에 실려 간 꽃다운 이 내 청춘

아들아 내 딸들아 서러워 마라
너희들은 자랑스런 군인의 아들이다
좋은 옷 입고프냐 맛난 것 먹고프냐
아서라 말아라 군인 아들 너로다

아 다시 못 올 흘러간 내 청춘
푸른 옷에 실려 간 꽃다운 이 내 청춘

내 평생소원이 무엇이더냐
우리 손주 손목 잡고 금강산 구경일세
꽃 피어 만발하고 활짝 개인 그날을
기다리고 기다리다 이 내 청춘 다 갔네

아 다시 못 올 흘러간 내 청춘
푸른 옷에 실려 간 꽃다운 이 내 청춘

푸른 하늘 푸른 산 푸른 강물에
검은 얼굴 흰 머리에 푸른 모자 걸어가네
무엇을 하였느냐 무엇을 바라느냐

우리 손주 손목 잡고 금강산 구경 가세

아 다시 못 올 흘러간 내 청춘
푸른 옷에 실려 간 꽃다운 이 내 청춘

이와 같이 어린 시절의 내 추억과 느낌에 담겨 지금도 흥얼거리는 〈희망가〉와 〈늙은 군인의 노래〉는 내게 있어 큰 의미 없이 그저 좋아하기만 했지만, 글로서 다시 되새기며 표현하고 보니 감회가 다시금 새롭다. 나는 지금도 음악과 노래에 깊은 조예는 없지만, 항상 가까이하고 있고 즐기는 편이다. 우리에게 음악이나 노래가 없는 시간은 없다. 또 언제 어디선가 다가올 누군가의 음악과 노래를 오늘도 우연히 무한한 상상에 잠겨 듣고 감상하고 있다. 각자에게 각인된 추억의 음악과 노래는 제각각이겠지만 말이다.

어머니의 꿈

'어머니' 이 단어는 보아도 들어도 그저 찡해지는 것을 많은 사람들이 동감할 것이다. 나의 어머니는 내가 느끼기에 참으로 많은 소질을 지니셨던 것 같다.

지금 생각하면 너무 철없고 이해가 가지 않지만, 나는 어린 시절 직접 어머니가 손으로 만든 옷(Handmade)과 실(Knit)로 짠 옷을 유난히 싫어했다. 어머니의 뛰어난 감각과 기술이었던 양장과 편물로 만들어진 '집표' 브랜드였기 때문이다. 계절에 따라 나이에 따라 지속적으로 여러 형태로 만들어 주셨지만 친구들과 같이 유행하던 기성복을 사 입고 싶었기에 집표 옷을 입기 더더욱 싫었다.

어머니는 내가 어릴 때부터 양장과 편물에 재주와 취미를 가지고 계셔서 가족들과 주변 분들께 많은 옷들을 만들어 입혀주셨다. 그러나 만든 옷은 친구들이 입고 있는 옷과 비교해 보면 형태도 다른 것 같았고, 광고에 나오는 유행과 멋이 깃든 것도 아니어서 왠지 멀리하고 그만 입고 싶었다. 다른 사람들의 옷은 바래기도 하고 해져 자주 바꿔 입는 것도 부러웠다. 어려운 시절이어서 대다수가 큰 옷을 사서 형으로부터 물려 입고, 재질이 좋지 않아 잘 닳아서 새 옷을 사 입어야 한다는 것을 나중에서야 알게 됐다. 또한 대부분 기성복의 천들은 나일론 계통이 많고, 자연적이지도 않은 인공 염색이 많았다.

내 옷은 다른 사람들과 다르게 아주 정갈한 형태로 내 몸에 맞고 친자연적 소재의 실로 만든 셔츠나 카디건뿐만 아니라 점프 같은 겉옷도 많았다. 색상과 무늬가 깃든 옷들도 있었고, 사이즈가 바뀌면 니트 실을 풀어 다시 삶아 더 크게 짜주시기도 하셨다. 심지어 포켓이나 모자가 달린 외투까지도 있었다. 나만 별로 좋아하지 않았지, 다른 이웃으로부터 다양한 주문을 받아 편물 옷을 만들어 부업도 하셨다. 그래도 그때는 친구들의 옷이 부러웠고, 내 의지대로 패션을 선택할 수 있는 고등학교 이후에는 뜻대로 기성복을 사 입는 경우가 늘어났다.

결혼을 하고 회사에서 일본과 관련된 업무를 하게 된 나는 어머니의 일본어를 필요로 하는 일이 생겼고, 그때 대화 중에 우연히 어머니의 꿈을 듣게 되었다. 어머니는 학생 시절부터 의상 디자인과 의상실을 하는 것이 조그만 꿈이었고, 옷 만드는 취미를 가지고 계셨다는 것이다. 그러나 결혼과 아버지 내조로 그 꿈은 실현할 수 없는 상황이었다고 했다.

그즈음 나의 큰아이가 돌이었고, 드레스를 어머니가 직접 만드시는 것을 보았다. 흰색의 드레스는 내가 그때까지 접하지 못했던 우아한 공주님을 위한 명품으로 느꼈고, 다른 사람들도 어머니가 직접 만드신 것에 놀라워했다. 이후 나는 의상과 디자인에 대한 나의 무지함과 어머니의 꿈과 실력도 알지 못했음에 후회와 자책을 했다. 어린 시절의 외투를 기억하고 다시 지어주신 옷을 받고 싶었지만 어머니는 점차 연세를 드시고 눈도 나빠져 더 많은 옷을 만드시지 못했다. 간간이 손자 손녀들의 옷을 친자연적이고 좋은 소재로 만들어 입히시는 정도였다.

미리 어머니의 꿈과 기술을 알았다면 물론 그 시절에는 철이 없어 듣지도 못했고 지원해 드릴 능력도 없었겠지만, 기쁘게 만들어 주신 옷으로 여기고 자랑스럽고 감사하게 입었을 것이다.

이제 다시는 원해도 가질 수 없는 어머니의 '핸드메이드'를 그리워하며, 지금은 좋아하는 니트 옷을 입을 때마다 그때 그 시절을 떠올립니다. 기쁜 마음으로 더 좋은 옷을 못난 자식에게 입히고 싶었던 어머니가 보고 싶고, 그립고, 사… 사랑합니다.

화분과 잡초

나는 봄이 되면 혹독한 그 긴 겨울을 잘 이겨내고, 아지랑이 피는 들이며 산에서 초록 잎과 함께 보랏빛 꽃을 안고 가녀리게 홀로 피어나는 제비꽃을 좋아한다.

화창한 이른 봄날에 형광빛 연초록이 눈부시게 아름다운 어느 출근길이었다. 큰 길가의 화원을 지나며 형형색색 예쁜 화분들에 눈길이 멈췄다. 내가 좋아하는 제비꽃을 떠올리며 조금이나마 닮은 보라색 꽃이 가득 피어오를 화분을 구입하고 사무실 창가에 놓았다. 삼색제비꽃이라 불리는 팬지는 내한성이 강하여 방한 조치를 잘해주면 노지에서도 겨울을 이겨낸다.

키가 작아서 흙을 북돋워 주면 이른 봄에도 흰색, 노란색, 자주색을 기본으로 다양한 색상의 꽃을 피워서 화단에 많이 심는 봄꽃의 한 종류라 한다. 이러한 팬지들의 강한 생명력과 다양함에 마음이 더 끌렸고 정겹게 화분을 바라보았다. 파릇파릇한 이파리들 속에 뾰족이 꽃봉오리들이 가득히 만발을 준비하고 있어, 설레는 맘으로 빠른 개화를 기대하며 정성스럽게 물도 뿌려주었다.

화창하고 따스한 햇살 가득했던 어느 날, 밤새 매서운 한파가 닥쳤다. 평소와 같이 만발한 개화를 기대하며 팬지 화분을 볕이 잘 드는 창밖에 두고 왔다. 하지만 지난밤 한파가 너무나 걱정돼 조급히 출근하여 화분을 창 안으로 옮겼다. 강한 생명력이 있다지만 따스한 온실에서 지난겨울을 보내고, 이른 봄에 데려온 팬지가 그래도 염려스러웠다. 혹독한 어젯밤의 예측치 못한 날씨의 변덕이 마치 우리 사이를 흔들어 놓는 것만 같았다.

간절한 맘으로 영양제를 줘가며, 살짝 언 것 같은 잎과 뿌리가 고통을 이겨내고 회생하기를 바랐다. 하지만 나의 비전문적 관리와 그저 간절함만으로는 부족했던지, 끝내 고개를 숙였다. 화분 속 팬지들은 못다 핀 꽃송이들을 떨구며, 되살아나길 바라던 나의 기대와 바람을 꺾어버린 채 소리 없이 쓰러지고 말았다.

팬지들이 떠나간 화분을 쉽게 처리하지 못해 몇 날을 바라보며 화분에 가득한 흙을 어찌 처리해야 하나 이런저런 고민만 했다. 좀 더 따스하게 기온 변화가 없는 그날이 오면 희망과 평화를 가득 담은 데이지를 데려올까 생각하며 그냥 창가에 팽개쳐 두었다. 바쁜 일과와 업무 속에 무심한 시간을 보내며, 흙만 남은 텅 빈 화분이 그저 햇살 받는 창가에 놓여 있기만 했다.

그러던 어느 날 따스한 햇살이 반가워 창가를 서성이다 우연히 바라본 화분에 빼꼼하게 고개를 내민 클로버를 닮은 초록색 잡초가 보였다. 지난 며칠 동안 물도 주지 않고 무관심했던 화분에서 원하지도 않게 이름도 모르는 잡초가 자라난 것이다. 잡초는 잡다하게 일어나 키우는 식물에 해를 주는 필요 없는 식물이자, 이름도 주기를 싫어 그냥 잡초로 일컫는다.

화분에 뜬금없이 나타난 잡초를 바라보다 이제 날씨도 좋아졌으니 데이지나 옮겨 심을까 생각하며 창가에 놓아두었던 화분을 꺼냈다. 그리고 그 잡초를 뽑아버리기 전에 아무런 보살핌도 없이 내게 찾아온 이 잡초의 이름이 궁금해 인터넷에서 찾아보았다. 그것은 내가 모를 뿐이었지 다양한 이름에 약 효능까지 지닌 식물이라는 것을 알았다.

괭이밥이라는 식물명을 가지고 초장초, 시금초, 괴싱아산장초, 괭이밥풀이라는 이름으로도 불리는 쌍떡잎식물 쥐손이풀목 괭이밥과의 여러해살이풀로 이습, 지혈, 소염 작용까지 가진 약용 식물이었던 것이다. 민간요법으로 날잎을 찧어서 옴과 기타 피부병, 벌레 물린 데 바르기도 했다고 한다. 우리나라 전국에 양지바른 밭둑이나 길가에서 흔히 보여 그냥 이름 없는 잡초라 생각했을 뿐이지 엄연한 식물이었던 것이다. 이처럼 잡초는 그저 무관심하고 알려 하지 않았지, 그것들도 무언가에 쓸모가 있었고 의미를 가지고 있었던 것이다.

그저 아름답고 좋아하는 제비꽃을 닮은 팬지를 화분 속에 가둬두고 바라보려는 나만의 욕심으로 향기를 남기고 떠난 빈 화분을 며칠 동안 방치해 둔 것이었다. 여기에 다시 다른 욕심을 채우기 전에 우연히 찾아온 잡초 아닌 괭이밥이 자라났으며, 의미 없는 풀이 아니라 새로운 느낌과 지식으로 나를 각성시켰다.

세상의 많은 일이 아마도 비슷할 것이다. 원하던 바가 이뤄지지 않고 실망할 때, 의미 없이 느껴진 무엇이 다가오고 그냥 지나친 일이 많았으리라. 그 무엇인가를 다시금 되새겨 보면 많은 것들을 담고 있었고, 아차 하며 놓치거나 잃어버린 경우가 허다했다. 하지만 조금만 더 관심을 가지고 살펴볼 수 있는 시간과 생각을 가졌으면, 다가와 스쳐 간 많은 것들이 경험과 지식이 가져다줄 수 있었을 것이고 새로운 의미를 느낄 수 있었을 것이다.

괭이밥이 그득 차 있는 화분을 바라보면 행운을 주는 초록빛 클로버보다 더 아름답고 약용으로도 쓸 수 있다 하니 미소가 지어진다. 그 화분에 심으려 했던 팬지나 데이지 못지않게 예쁘고 새로움에 대한 기쁨도 느꼈다. 이따금 물을 주며 괭이밥을 물끄러미 쳐다보는 나의 이 흐뭇함을 괭이밥도 알려나? 세상에 모든 것들은 나름의 의미를 가지고 왔으며, 소중하고 귀한 것들이다.

울타리 벗어나기

가출(家出)과 출가(出家)의 차이가 무엇이며, 생각해 보고 실행한 적이 있는가?

사전적 의미로(출전: 나무위키) '가출'은 가족과 함께 살다가 가족의 동의 없이 집에서 나가는 행동을 말하며, '출가'는 불교적 의미로 번뇌에 얽매인 세속에서의 인연을 버리고 재가생활(在家生活)을 떠나 오로지 불교 수행에 힘쓰는 것이라 차이를 구분하였다.

단어 구성 측면에서 보면 한자의 구성 어순으로 '출가'가 옳은 표현이며, 의미적으로 '가출'은 가족과 함께 살다가 가족의 동의 없이 홀로 집에서 나가는 행동을 표현하는 것으로 그저 속박을 벗어나기 위한 행동이다.

두서없이 정의와 구분을 널어놓은 것은 나의 철없는 두 번의 가출을 이야기하고자 함이다. 한 번은 어린 시절에 뜻 모를 저항심으로 감행한 무작정 탈출과 같은 가출 시도였다. 물론 조그만 계기는 있었다. 누구나 한 번쯤 있었을 법한, 하라는 공부는 성적이란 결과로 나타나지 않았고 친구들과의 함께하는 즐거움은 더 큰 의미를 줄 것 같았던 설렘으로 시작되었다.

그러나 구체성도 가능성도 희박한 무지개의 환상을 좇아 막무가 내로 떠난 것은 처절한 삶의 현장으로 뛰어드는 불나방과 같은 최후였다. 한 치 앞도 파악하지 못한 채 그냥 뛰쳐나간 잠시의 해방과 자유는 곧 두려움과 무서움으로 다가왔고, 해결의 방안도 보이지 않아 누군가 구출해 주길 바라는 심증만 남았다. 배고픔과 초라해진 의지의 상실은 먼발치에서 모든 것을 알고 찾아주신 부모님이 이름을 불러주며 안아주신 포근함에 싸여 구수한 내음의 밥과 된장찌개를 먹고 긴 잠으로 평안히 해결되었다.

그렇게 희미한 추억과 나만의 비밀로 남은 첫 가출과 달리 나이 들어 무의미하게 되었던 내 뜻의 관철을 위해 두 번째 가출을 감행한 적이 있었다. 조금은 구체화된 의지가 있었던 것 같았지만 가족의 이해나 설득을 가지지 못한 채 혼자의 그림으로 펼쳤던 가출은 곧 외로움에 휩싸였다. 그리고 다가오는 후회는 야망이나 의지보다 더 큰 절망감의 벽을 만나게 되었고, 함께할 동지를 찾으려 했으나 오히려 그들의 설득과 외면으로 돌아서야만 했다. 다시금 부끄러움과 앞으로의 걱정만을 가진 채 스스로 돌아온 집은 마냥 따스하기만 했는데, 내게 남은 건 그저 공허함뿐이었다.

만약 첫 번째 가출에서 부모님이 애틋함으로 찾아주시고 불러주시지 않았더라면 엉뚱한 길을 갔을 것이고, 원치 않은 어둠 속을 헤매며 빠져나올 수 없는 후회의 결과를 가졌을 것이다. 또한 두 번째의 가출도 커다란 절망의 벽이 혼자인 나를 막지 않았으면 무너진 가족이란 테두리는 상처뿐인 가시덤불이 되어 할큄을 당했을 것이었고, 패배의 생사기로에 남았을 수도 있었을 것이다.

지금에 돌아보아도 두 번의 가출은 나에겐 상처만 잔뜩 지고 돌아온 초췌한 모습으로 많이 기억될 뿐이지만, 누군가는 그를 통해 새롭고 성공이란 길을 가졌을 수도 있었을 것이라 본다. 다시 생각해도 나에겐 그저 지난 사건들이 헛웃음 속에 남았고, 오늘의 현상과 일상이 감사함으로 남을 뿐이다.

그럼 가출 말고 출가를 했으면 어땠을까 엉뚱한 생각을 하며 이 밤이 나를 잠자리로 부른다. 오늘도 어떤 꿈이 나의 밤에 그려질까? 그리고 세 번째 가출은 언제쯤 어떻게 이뤄질까?

화가와 가수

　누구나 어린 시절 꿈과 희망이 있었을 것이며, 이는 나의 의지가 아니라 부모님이나 주변 사람들의 바람으로 만들어진 것이었다.
　우연한 기회에 학교에서 열린 백일장에 예외 없이 참여해 시간에 쫓겨 기승전결도 없이 원고지에 채워낸 글이 나도 알 수 없이 장원이 되기도 했다. 또, 계절에 맞춰 열리던 사생대회에 평소에 소질도 없던 미술이었지만 어찌하다 보니 심사자들의 눈에 띄는 별난 작품으로 대상을 받기도 했다.
　봄과 가을이면 야외 체험 수업으로 떠난 소풍에서 장기자랑이란 명목으로 어쩔 수 없이 나가 부른 노래가 친구들의 박수 박자에 멋지게 맞춰지고 소리까지 바람의 선율을 탄 듯 최고상의 기회를 주었다. 그리고 평소에 달리기는 맨 꼴찌였는데 운동회에서는 별난 종목으로 선택한 종이에 적힌 물건을 찾아오는 경기에서 가장 가까이서 발견된 빨간 모자를 발견하고 가장 먼저 골인하여 1등을 차지한 적도 있었다.

　별것 아닌 하찮은 결과로 볼 수 있겠지만 이런 과정과 경험을 통해 우리는 조그만 꿈을 키워왔고, 대중에 알려진 세계적 유명인이 되기도 하며, 성장에 영향을 주기도 한다. 그렇게 해서 문학 작가가 되고, 미술 화가가 되고, 가수가 되고, 운동선수가 되기도 한다.

나 또한 자유롭게 세계여행을 다니는 여행가가 되어 새롭고 멋진 풍경이나 상황을 담아내는 화가가 되고 싶었다. 비록 사생대회에서 큰 상을 받아본 적도 없었지만 지구를 처음으로 돈 탐험가 마젤란의 그림 동화책을 어린 시절에 읽으면서 꿈과 희망을 가졌었다.

언젠가 가능한 시점이 오면 그렇게 세계를 일주하며 지나치는 풍경과 경이로운 모습들을 그림에 담고 싶어 했다. 그러나 떠나지 못하는 핑계만 쌓으며 세월만 지나는 결단력 부족으로 감히 실행하지는 못하고, 일 따라 이곳저곳 나름 기웃거리기는 했다.

자신도 없고 재능도 없는 그림보다는 장비에 의존한 사진으로 추억을 남기기는 했지만 그마저도 내 모습을 담기에 바빴다. 이제야 허무하게 지나가는 세월을 원망하며 늦었지만 그림을 배우려 학원에 등록을 했다. 연필을 잡고 스케치하며 구도와 음영, 질감 등을 익히기 시작했고 형태, 면, 선, 기호, 색채들을 요소로 한 시각적 표현을 하고자 애쓰고 있다.

여행에서 바라보는 아름다움과 지워지지 않는 경이로운 모습들과 그때의 느낌과 감흥을 기억만으로 남길 수 없어 화가처럼 나만의 그림으로 그려 감정과 심상까지 간직하고 싶다. 사진으로는 나의 느낌과 감흥까지 담아서 남길 수 없고, 짧은 글로는 표현할 수 없는 부분들과 상세함을 기술하기에 부족하기 때문이다.

이제는 시간과 여건이 마련될 때 다양한 목적에 맞게 목적지를 선정하고 떠나서, 이색적인 자연과 문화 및 역사들이 인식의 시선에 잡힌다. 일상을 벗어나 여행가처럼 떠나기만 하면 되는 날이 다가온다. 산, 들, 바다, 강, 사막 등 어디든 갈 수 있는 곳을 찾고 비록 조금의 고난이 있다고 해도 만반의 준비를 하여 떠나볼 것이다. 그리고 새로운 세상과 문화를 만나고 느끼며 즐기는 여행 속에 화가처럼 나의 느낌과 감정을 담은 그림도 그리고자 한다.

그리고 시간과 기회가 된다면 악기도 하나를 배우고 싶다. 시간에 따라 날씨의 변화에 따라 바뀌어 가는 마음을 달래줄 음악을 듣기보다 나의 심정을 담은 악기의 연주와 함께 노래도 하고 싶다. 계절의 아름다움과 무상함을 담아 노래하고, 사람들과의 관계 속에 다양하게 형성되는 감정들을 말로만 전할 수 없어 노래에 담아 풀어내고자 한다.

슬프고 외로울 때 나만의 노래를 부르고, 행복하고 즐거울 때 함께할 수 있는 멋진 노래를 전하고 싶다. 이 모든 기분과 상황, 여건에 따른 노래를 하고 연주도 하고 싶다. 비록 아직 시작하지 못한 꿈이기는 하지만 선율(멜로디)·장단(리듬)·화성(하모니)의 기본 3요소를 배워서 나만의 감정과 사상을 전하고 공감할 수 있는 음악을 하고 싶다.

나는 아직도 꿈을 꾸고 희망을 키우고 있다. 스스로 의지를 펼쳐서 하고 싶고 되고 싶은 것이 되어, 그것들을 최소한 나만의 것으로 만들어 보고자 한다.

내심외경 (內心外境)

누구나 자주 인용하여 활용하는 사자성어가 하나쯤은 있을 것이다. 특히 우리나라 사람들은 사자성어를 통해 많은 역사와 문화 그리고 의미들을 전달하며, 의사소통의 한 수단으로도 활용하고 있다.

속담이나 격언과 더불어 사용되는 네 글자로 이루어진 사자성어는 한국어의 관용구로 중국의 고사성어에서 유래된 것들이 많다. 고대 중국의 유명 역사적 문헌이나 문학 작품 등에서 나오는 상황과 인물들의 깊은 의미와 명언에서 추출한 것이 한자 성어이며 그중에서도 네 글자로 이루어진 사자성어는 교훈과 유래를 담고 있다.

나도 대화 중에 의미와 중요성을 강조하기 위해 자주 인용하여 활용하는 사자성어들이 있으며, 그중 하나가 "내심외경(內心外境)"이란 말이 있다. '내 속에 있는 것을 밖에서 본다.'는 말로, 겉으로 비치는 것들을 통해 내 마음을 들여다볼 수 있다는 의미다. 즉, 내 마음으로 세상을 보는 것으로 내 마음이 좋으면 세상도 좋게 보이고 세상이 아름다우며, 내 마음이 어지럽고 아프면 세상이 온통 복잡하기만 하고 우울하게 느껴질 수 있다는 것으로 사용하고 있다.

내심외경의 유래는 불교에서 유래된 한자어로 마음가짐의 중요성을 강조하는 말씀이다. 세상은 이미 세상 그 자체로 잘 돌아가고 굴러가고 있지만, 나 자신의 마음이 바르지 않다면 모든 것이 어렵고 힘들 뿐이다. 지금 나의 마음으로 보는 것이 세상의 실질적 현실이라 생각하지 않아야 한다. 단지 내 마음이 그럴 뿐이고, 나의 생각과 태도, 해석에 따라 현실이 그렇게 보이고 느껴지는 것이다.

이른 아침 창문을 열고 세상을 바라볼 때 약간은 어둡고 어지러워 보일 때 내심외경을 음미하며, 스스로 한 번 더 내 마음의 상태와 상황을 둘러보는 습관을 만들려 한다. 내 마음이 좋고 나쁨에 세상이 달리 보이고 느껴지는 것이고, 내 마음에 모든 것이 달려 있으니 내 마음이 바로 서 있고 맑고 밝은 상태를 유지하는 것이 필요하다 각오하며 아침을 시작한다.

그리고 사자성어 내심외경을 통해 내심(內心)과 심경(心境)에 대한 의미도 풀어본다.

내심(內心)은 앞에서도 거론한 바와 같이 겉으로 드러나지 않은 실제의 마음으로 모든 세상을 바라보는 가장 중심으로 많은 대화에서 사용된다. 누구나 자신의 말과 행동을 상대방에게 설득시키고 이해시키기 위해 내 마음을 열어놓고 설명하고 있음을 말하고 있다. 그러나 내 마음은 내가 보여주는 것이 아니라 상대가 내 마음에 대한 진심을 느끼며 이해할 때 비로소 믿음으로 다가오는 것이다.

더불어 심경(心境) 즉, 마음의 상태도 자주 이야기한다. 내심을 통해 나타나는 심경은 외경을 보이게 하여 그들과 소통하고 판단을 받는 것이다. 그러므로 보이지 않는 속내가 마음의 상태에 따라 겉으로 비치게 된다. 하지만 보이지 않는 마음과 같이 마음의 상태 또한 쉽게 드러나지 않아 겉으로 비치는 것들의 표현에 따라 판단받는 것이다.

심경(心境)은 의미가 다른 한문인 심경(心鏡), 즉 마음(心)의 거울(鏡)로 거울과 같이 맑고 밝은 마음을 뜻하는 말과 복합적으로 사용하는 경우가 많다. 한문에서 유래한 심경의 두 뜻은 완벽히 구별되지만, 요즘처럼 한문을 잘 표기하지 않는 상황에서는 그 의미가 혼란스러운 경우가 있다. "내 심경이 이렇네."라고 말할 때, 그냥 자신의 마음 상태를 이야기하는 것과 맑고 밝은 마음을 표현하려는 것은 분명 다른 의미일 것이다.

아무튼 이 또한 상대의 입장이나 상황을 이해하고 속마음을 알려는 마음이 있으면 그가 이야기한 심경을 충분히 이해할 수 있으리라 믿는다. 이와 같이 여러 가지 의미로 쓰이는 우리의 말이 많은데 흔히 자신의 입장과 생각으로 상대의 말을 듣기만 한다면 서로는 다른 의미로 받아들여 의사소통이 어려울 수도 있다.

다시금 내심외경의 의미를 생각하며 세상을 내가 어떤 마음으로 바라보는지 상대를 얼마나 이해하고 상황에 맞게 세상을 보이는지 표현할 수 있을 것이다. 나는 지금 어떤 마음으로 무엇을 설명하고, 겉으로 비치는 것들을 통해 내 마음을 그들에게 전해줄 수 있을까 나를 반성한다. 이렇게 오늘 하루가 내심외경으로 나를 보여주고 비춰진다.

비와 눈

지구에는 물이 있고, 비와 눈이 있다. 공전과 자전을 통해 지구는 표면의 75% 정도를 차지하는 물을 품고, 그 물의 대부분 바다가 97%를 차지하며, 지구의 물은 수증기, 비, 눈 등을 통해 날씨 변화와 함께 순환한다. 이 또한 기후의 변화와 상황에 따라 바뀌고 있다.

물의 한 형태인 비와 눈은 어떻게 다른가?

계속 순환하는 물은 증발을 통해 대기에 수증기를 만들고, 수증기가 뭉쳐 0.2mm 이상이 되면 물방울이 되어 지상으로 떨어지면 비가 된다. 물론 그보다 작은 것들은 내리다 다시 증기가 되어버리기도 한다. 과학적으로 더 어려운 빙정설과 병합설로 설명된다.

일반적으로는 구름이 작은 물방울이나 얼음 알갱이가 만들어져 지상으로 내리다 녹으면 비가 되고, 얼음 알갱이가 점차 커지고 무거워져 지표면으로 내리면 눈이라 한다. 물론 안개와 우박 등 기후와 환경에 따라 또 다른 많은 형태도 있다.

이러한 물과 수증기를 통해 만들어진 비와 눈은 우리에게 다양한 상황과 의미를 주며, 나는 비와 눈을 스스로의 방식으로 느끼며 즐기고 있다.

계절로는 겨울을 좋아하지만, 눈보다 비를 좋아한다. 눈은 어지럽고 더러운 것들을 덮어만 놓고 녹으면 질척하게 다시 드러내지만, 비는 지저분한 세상을 깨끗이 씻어주고 그 뒤에 오는 태양과 함께 쨍하게 말라버리기에 좋아한다. 그러나 많은 비는 형태도 없게 쓸어버리고 지형까지도 바꾸기에 가끔 두렵기도 하다.

어린 시절 어머니가 비 오는 날엔 빗소리와 별반 차이 없는 전 굽는 소리와 고소함을 함께 주신 추억이 있다. 아마도 비가 오는 날에 전을 굽는 이유는 농경 국가였던 과거에 비가 오면 바쁜 농번기에도 농사일이 잠시 쉬어갈 수 있었고, 좋아하던 술도 함께 마실 수 있어 그랬던 것 같다. 처마를 타고 내리는 빗소리와 지글지글 소리에 구워지는 전을 호호 불어가며 뜯어 먹던 그 고소한 맛은 지금도 잊을 수 없다. 물론 한 잔 술을 곁들이던 그 시절 어른들은 더더욱 좋았을 것이다.

어른들은 비 오는 날 한 잔의 술은 긴 태양의 뜨거움 속에 지친 나날의 멋진 휴식이었으며, 먹거리의 다양성과 과자도 많지 않던 그 시절의 아이들에게는 더 좋은 간식이고 맛난 특식으로 제공되는 날이었기에 비가 와도 좋았던 것 같다. 나도 그때는 어렸을 때이고.

그리고 더위를 많이 타고 땀이 많았던 나는 겨울이 그나마 좋았고, 방학이 길어서 친구들과 놀기 좋았던 그 계절이 좋았다. 그 계절에 눈이 내리는 날이면 세상이 온통 하얗게 바뀌는 모습에 모두들 기분도 달라졌고 특별한 의미를 가진 추억도 많았던 것 같다. 바둑이마저도 뛰쳐나가 하얀 세상을 즐겼음에 눈 오는 날은 특별했다. 물론 눈이 내리면 미끄러운 길을 싸리 빗자루로 쓸고 치워야 하고, 따뜻해져 녹으면 질척해지고 지저분함이 드러나 싫어하는 사람도 있었을 것이다. 나 또한 그랬다.

하지만 눈은 여러 가지 기쁨과 설렘을 동반했다. 첫눈이 내리는 반가운 날이면 잊힌 먼 약속을 떠올려 만나야 할 사람도 있고, 눈이 쌓인 들판을 처음으로 밟아 어디에서 이룰 수 없는 첫 발자국을 남길 수도 있기 때문이다. 더불어 눈싸움과 눈사람 만들기의 즐거움이 있고, 꽃이 없는 차가운 계절에 만물을 덮고 하얀 눈꽃을 피워 아름다움도 전해줬다.

비는 비대로 눈은 눈대로 전해주는 기쁨과 아련한 추억이 있어 좋아했고, 정도를 넘어 발생한 재해의 아픔과 눈비 오는 시간의 고통으로 싫어하는 사람도 있을 것이다. 그리고 물의 계속적인 순환은 날씨의 변화와 함께 수증기, 비, 눈 등을 통해 지속적으로 이뤄질 것이다.

햇살 밝은 오늘, 또 다른 의미를 전해줄 비가 오기를 눈이 내리기를 기다리는 마음은 여전히 이어진다.

눈길 (踏雪野中去)

아무도 모르게 소복이 눈 내리는 날 아침이면 나이에 상관없이 마음이 설렌다. 누구도 밟지 않은 하얀 눈밭을 보면 나도 모르게 살그머니 새로운 길을 내며 기뻐했다. 아무도 밟지 않은 하얀 눈에 새겨지는 내 발자국에 처음이라는 조심스러움과 새로움의 기쁨을 담고서 뽀드득 소리를 들으며 길을 만들었었다. 지나온 눈길을 되돌아보면 이리저리 혼란스럽기도 하고 나만의 의미를 담은 뭔가를 그려놓은 듯해 뿌듯하기도 했다.

그 눈길은 내가 걸어온 작은 역사처럼 쑥스러움도 있고, 당당함도 있으며, 걷기도 하고 뛰기도 하고, 때론 뒹굴기도 했던 추억이 남아있다. 이제는 조금 철이 들었는지 나이가 차서 그런지 느긋이 걸으며 나름의 생각을 정리하는 시간을 가지기도 한다. 그런 가운데 그 눈길을 함부로 하지 말라는 의미를 전하는 한시 한 수가 생각난다.

踏雪野中去(답설야중거) 눈 내린 들판을 걸어갈 때는
不須胡亂行(불수호란행) 함부로 어지러이 걷지 마라
今日我行跡(금일아행적) 오늘 내가 걷는 이 발자국은
遂作後人程(수작후인정) 뒷사람 이정표가 될 것이다

이 시는 김구 선생이 안중근 의사 의거 39주년을 기리며 친필로 휘호하고 애송하면서부터 알려지고 유명해졌다 한다. 서예를 하시는 분들이 자주 인용하여 작품을 만들기도 하고, 누군가에게 선행하여 길을 만들거나 모범이 되어야 하는 일에 권두언으로 사용되기도 한다.

〈야설(野雪)〉이란 제목은 다소 생소하게 들리겠지만 시의 한 절인 "답설야중거"와 그 뜻을 말하면 많은 사람들이 잘 알고 있다. 또 어떤 이들은 이 글을 서산대사의 구전 선시로 알고 있기도 하나, 정작 서산대사의 문집인 《청허집(淸虛集)》에는 실려 있지 않다고 전해진다.

아무튼 이 시를 백범 김구 선생님도 서산대사의 시로 알고 있었다고 하지만 서거 한 해 전인 1948년에 친필 휘호로 쓴 〈야설〉 유품은 유족들의 기증으로 청와대 집무실인 여민관 복도에 걸려 있는 것으로 알려졌다.

그 후에 알려진 바는 이 시가 1985년에 북한 문예출판사에서 발간한 한 시집 안에 실려 있었고, 제목은 〈야설(野雪)〉이며 지은이는 본관 전주(全州), 자 진숙(晉叔), 호 임연재(臨淵齋) 산운(山雲) 이양연(李亮淵, 1771~1856)이라는 조선 시대 관리이자 시인의 작품으로 시집 《임연당별집(臨淵堂別集)》에 포함되어 있었다고 한다. 그는 200여 편의 시를 남겼고, 조선의 시인 중에 우수한 시적 성취를 가지고 시대의 모습과 희로애락을 글로 담았다고 한다.

그는 문장에 뛰어났고 성리학에 정통하였으며 늙어서도 학문을 게을리하지 않아서 후학들로부터 존경받는 학자였다고 한다. 하지만 그가 활동한 19세기 초반은 순조, 헌종, 철종으로 이어지는 조선 후기 정치 혼란과 함께 매관매직이 성행하던 불운의 시절이었기에 시를 통해 삶의 통찰에서 비롯된 시대의 교훈과 아픔까지 이 시에 담았다고 여겨진다. 사대부였지만 백성을 생각하는 마음은 깊었고, 스스로를 자책하며 백성들의 모범을 보이고자 한 그의 마음이 깊이 느껴지는 글이 많았다.

《임연당별집》에 실려 있는 이 시는 5언절구/5언고시(5개의 글자로 4줄을 쓰고, 기승전결의 법칙에 맞춰 쓴 글)로 기록되어 있다. 그리고 이 시의 20자 중 답설(踏雪)이 천설(穿雪)로 금일(今日)이 금조(今朝)로 다르게 실려 있지만, 아마도 암송해 오다가 글로 시집에 옮겨질 때 바꾸어 쓴 것으로 짐작된다고 한다. 《임연당별집》에 실린 〈야설(野雪)〉과 이어 우(又)라고 적어 놓고 내용이 비슷한 시가 또 한 수 적혀 있는데, 그의 생각과 가르침을 다시금 되새기며 감히 옮겨 적어본다.

[1] : 야설(野雪)
穿雪野中去(천설야중거) 눈 밟고 들판 가운데를 걸어갈 적엔
不須胡亂行(불수호란행) 모름지기 어지러이 걷지 말아라
今朝我行跡(금조아행적) 오늘 아침 내가 간 발자국들이
遂爲後人程(수위후인정) 마침내 뒷사람의 길이 될 것이다
[2] : 문집 맨앞 속지에 실림(道文)
雪朝野中行(설조야중행) 눈 온 아침에 들판 가운데를 걸어가니

開路自我始(개로자아시) 나로부터 길을 여는 것이 시작된다
不敢少逶迤(불감소위이) 잠시도 구불구불 걷지 않음은
恐誤後來子(공오후래자) 뒷사람 헷갈릴까 염려해서다

  그리고 그가 남긴 시 중에 나에게 진하게 전해지는 의미를 가진 적상산(전북 무주 적상면/1,038m)에서 내려다보는 세상과 시절에 대한 것도 있었다. 그 시절의 무상함을 가지고 청빈낙도(淸貧落道: 청렴결백하고 가난하게 살며 도를 즐긴다)하여 살았던 그의 현실과 느낌을 아마 이 시에 적어 전하고자 했을 것이라 본다.
  이 시에는 높은 적상산에서 산 아래 내리는 비를 바라보는 모습도 아련히 그려진다. 발아래 짙은 먹구름과 함께 우레가 들리니, 사람들 사는 곳엔 곧 비가 쏟아질 것이다. 그러면 밭일하며 비를 기다린 농부들은 기쁠 것이지만, 많은 비를 근심하는 길 떠나는 나그네도 있겠다는 뜻을 시로 그려냈다. 이처럼 현실은 바라보는 시각과 시대를 살아가는 여러 백성들에게 아주 다르게 전해지며, 그 결과에 따라 처할 상황을 그도 함께 느끼며 표현한 것이다.

赤裳山見山下雨(적성산견산하우) 적상산에서 산 아래 내리는 비를 보다
山下雲雷深(산하운뢰심) 산 아래는 구름과 우레(번개/천둥)가 깊이 잠겨 있으니
人間今日雨(인간금일우) 인간 세상에 오늘은 비가 내리겠네.
誰家喜田事(수가희전사) 기뻐할 사람은 밭일하는 이고

誰家憂遠路(수가우원로) 근심할 사람은 먼 길 가는 나그네이네.

   조선 시대 시인 묵객 이양연께서 남기신 시를 통해 시대의 상황과 시인의 의지를 느낄 수 있었고, 나의 미흡한 감상과 느낌을 적어보았다. 오늘날의 다양하고 번잡함 속에 살고 있는 나의 혼란을 느끼며, 옛 시가 전해주는 교훈과 감동을 공감하여 감사를 전한다. 시간이 흘렀지만 여전히 쉽지 않은 세상에 우리가 있음을 알았다.

어제, 오늘 그리고 내일

우리는 시점(時點, Time Point)에 대한 구분을 현재를 현시점에 놓고, 앞뒤의 시점을 과거와 미래로 칭한다. 이러한 시간의 구분을 불교에서는 삼세(三世)라 하며, 삼제(三際)라고도 한다.

과거세(過去世, 과거·전세·전생·전제)와 현재세(現在世, 현재·현세·현생·중제)와 미래세(未來世, 미래·내세·내생·당내·후제)를 총칭하여 삼세라 한다. 이때 현재를 1 찰나(刹那)로 보고 그 전과 그 후로서 삼세를 말하기도 한다. 그리고 인간의 생애도 현재의 한 생애를 현세, 그 출생 이전의 생애를 전생, 명종(命終) 이후의 생애를 내세라고도 한다. 또한 하루를 기준으로는 현재를 오늘, 앞뒤 하루의 전후를 어제, 내일로 표현한다.

이러한 시점은 시간의 흐름 가운데 어느 한 순간인 현재를 중심으로 지나간 과거와 다가올 미래를 표현하고 기록한다. 하지만 미래는 현재로 다가오고 과거는 누적되고 미래는 새롭게 끝없이 생성되고 있다.

우리는 시점에 따라 표현하는데 현재는 오로지 내 의지에 의해 말과 행동이 이뤄지고, 과거는 대부분 타인에 의한 해석과 평가에 의해 누적되며, 미래는 나와 환경 및 조건에 의한 결정으로 생성될 수 있다는 점이다. 따라서 특정 관점을 기준으로 과거, 현재, 미래를 나누는 것은 절대적 의미가 아니며, 상대론적으로 다른 기준으로 구분할 수 있다.

첫 번째, 시점 중에 과거에 대한 명언을 유명한 선인들은 우리에게 여러 형태로 전해주고 있다. 내가 자주 참조를 하고 그 의미를 받아들여 교훈으로 삼고 있는 몇 가지를 소개하고자 한다.

영국의 낭만주의 시인이며 철학자인 바이런(George Gordon Byron, 1788~1824)은 "미래에 대한 가장 좋은 예언자는 과거이다(The best prophets of the future is the past)."라는 명언을 남겼고, 이는 "가장 뛰어난 예언자는 과거이다."라고 인용되기도 한다. 이 명언의 근원에는 그의 철학과 사상이 반영된 것으로, 과거의 경험이나 사건들이 결과적으로 미래를 예측하고 이해하는 데 중요한 역할을 할 수 있다는 의미를 담고 있으며, 자신의 미래에 대한 예측은 과거 지나온 자신의 발자취를 돌아보면 알 수 있다는 것이다.

영국의 극작가, 소설가, 언론인이며 배우였던 토머스 홀크로프트(L. Thomas Holcroft, 1745~1809)는 "과거는 지침서이지, 장애물이 아니다."라고 과거에 대한 명언을 남겼다. 이는 과거의 경험이나 사건들은 우리가 참조할 수 있는 지침을 주는 것이지, 그 결과인 실패와 성공이 나아가는 길의 장애가 아니라 결정의 유용한 자산이고 지침이 될 수 있다는 의미라 본다. 이와 유사한 명언은 영국의 여류 추리 소설 작가인 아가사 크리스티(Agatha Christie, 1890~1976)는 "과거를 변경할 수 없지만, 그것으로부터 배울 수 있다."고 했다.

이와 같은 명언을 통해서 보면 과거의 경험이나 사건들은 실패와 성공을 남겼고, 우리는 이들 자산과 교훈을 통해 예언과 지침으로 훌륭하게 활용할 수 있다는 것이다. 물론 현재나 미래와의 환경이나 상황에 따른 변화는 충분히 감안하고 활용해야 한다.

두 번째, 현재에 대해서 수많은 명언이 있으며 그중에 몇 가지를 소개한다.

프랑스의 소설, 전기, 역사, 아동 도서 및 공상 과학 소설의 작가인 앙드레 모루아(Andre Maurois, Emile Salomon Wilhelm Herzog, 1885~1967)는 다양한 그의 경험을 통해 지금의 자신에 대한 중요성을 이렇게 말했다. "과거는 과거다. 과거보다는 미래가 더 중요하다. 미래보다는 현재가 더 중요하다. 현재보다는 오늘이 더 중요하다. 오늘보다는 지금이 더 중요하다. 지금과 오늘을 소중히 여기고 이것이 자기 자산을 위해서 있다고 확신하자." 이것은 과거나 미래가 중요하지 않다는 것이 아니라 현재의 지금에 대한 중요성을 부각하기 위해 이렇게 표현하였고, 지금을 만들어 가는 자기에 대한 소중함을 일깨워 주는 것 같다.

미국의 철강왕으로 불리며 교육과 문화사업에 헌신한 앤드류 카네기(Andrew Carnegie, 1835~1919)는 현재의 일과 시간에 대한 경각심을 일깨워 주는 말을 이렇게 표현하였다. "일하라. 삶을 영위하고 있는 현재에서 일하라. 그것이 시간을 아껴 쓰는 오직 한 가지의 길이다. 또한 의미 있는 생활을 할 수 있는 유일한 길이다."고 우리에게 남겼다.

이처럼 현재의 지금은 지나고 나면 과거가 되고 미래도 언젠가 현재가 될 것이며, 그 가운데 현재의 지금은 더욱 중요하고 끊임없이 일을 수행하고 실천하는 것이 영광스러운 삶을 만들어 가는 일환인 것이다.

마지막으로 미래에 대한 명언들은 미래는 가보지 않은 상상의 세계로 막역한 두려움과 해결의 키를 가지고 싶은 욕망을 표현한 것들이 많았다. 그중에 나는 오스트리아 출신의 미국 경영학자이며 작가인 피터 드러커(Peter Ferdinand Drucker, 1909~2005)가 말한 "미래를 예측하는 가장 좋은 방법은 미래를 창조하는 것이다(The best way to predict the future is to create it)."라는 말을 자주 인용한다. 그는 항상 미래를 예측하고 준비할 수 있는 고객과 시장에 대한 경영학 지침서를 많이 남겼다. 명확한 개념과 비전을 설정, 목표를 향해 전략·계획하고 행동, 변화의 수용과 난관을 극복, 긍정적인 사고방식을 함양해 자신과 기업의 운명을 개척할 수 있으며 창조적 미래를 확보할 수 있다는 의미로 가르침과 교훈들을 남겼다.

또 미국의 가장 위대한 대통령인 에이브러햄 링컨(Abraham Lincoln, 1809~1865)은 "미래의 가장 좋은 점은 하루에 한 번씩 온다(The best thing about the future is that it comes one day at a time)."라는 미래에 대한 명언을 남겼다.

이처럼 과거는 현재를 발판으로 경험과 사건으로 남겨지는 결과이며 지침이고, 현재는 막연하고 겪어보지 못한 미래를 만들어 가는 철저한 준비에 의해 실제적 행동과 지금의 일로 완성되는 것이다. 과거, 현재 그리고 미래가 어느 하나에 의해 그냥 만들어지는 것이 없으니, 과거와 현재, 미래는 상호 연결 되어 있다. 지나간 그 과거는 내가 바꿀 수 없지만 지금으로부터 만들어지는 과거나 현재를 발판으로 그 준비에 따라 다가오는 미래를 위해서도 그 각각의 가치와 소중함을 인식하여 현재의 과제를 풀어가야 할 것이다.

같은 발음의 시점(視點, Point Of View)은 문학 및 소설에서, 이야기를 서술하여 나가는 방식이나 관점으로 화자가 '나'인 일인칭과 청자가 '너'인 이인칭, '그'인 삼인칭, 대상을 모르는 '누구'인 미지칭, 무턱대고 아무나 가리키는 '아무'인 부정칭 등으로 이뤄져 있다. 이 또한 시점 중심으로 내가 너와의 행위를 서술하고 있으며, 다른 시점으로 '그'와 행한 것들을 표현한다는 의미로 그 중요성을 부여한다. 그리고 인칭에 따라 시점의 명확한 동작의 주체를 구분하여 의미를 전달하고 상호 관계를 형성하는 표현으로 사용하고 있다.

너와 나 그리고 우리는 또 다른 그나 누구가 수많은 관계를 형성하며, 과거와 현재 그리고 미래를 겪으며 세상을 꾸미고 새로운 역사를 맞이하고 있다는 것이다.

우리의 원활하고 명확한 대화와 소통에서는 시점이 중심적으로 과거, 현재 그리고 미래를 포함하여 수많은 시간의 영역을 나누고 있으며, 나와 너 그리고 그에 대한 행위의 시점을 적용하여 표현하고 있다. 이는 육하원칙인 누가, 언제, 어디서, 무엇을, 어떻게, 왜 즉, 5W1H(Who, When, Where, What, How, Why)를 활용하여 신뢰성과 객관성이 부여된 기사나 보도를 작성하며, 대화나 소통에서 명확한 의미를 부여하고 전달하고 있다.

하지만 최근 바쁘고 급변하는 모바일 환경과 신세대의 성향에 따라 비공식적 약어나 속어와 모호한 표현이 늘면서 언어의 혼란이 가중되고 있다. 그중 누가와 언제는 앞서 이야기된 두 가지 시점(時點, 視點)에서 논한 것처럼 중요하여 표현과 대화에서 중심이 되고 핵심적으로 다뤄져야 한다는 것도 다시금 강조한다.

어머니대성집

 시간이 지나도 바뀌지 않는 맛과 옛 정취를 느낄 수 있는 분위기를 찾아 우리는 노포를 찾고 단골이 되어 서로의 정을 나누게 된다.

 변함없는 노포 중에 하나인 어머니대성집은 신설동역과 제기동역 사이 용두동에서 1967년부터 시작해 해장국으로 유명한 식당이 있다. 최근에는 맛집을 찾아다니며 방송을 하는 프로그램과 유튜브에도 자주 등장하고, 애주가로 유명한 성시경이나 신동엽 씨도 이곳에 자주 방문하며 메뉴에도 없는 술국을 주문할 정도의 단골로 알려져 그 명성을 이어가고 있다.
 나 역시도 술을 좋아하던 그때에는 최애의 안주로 부담 없이 맛나게 먹을 수 있는 해장국, 육회비빔밥, 육회, 꼬치산적, 수육, 등골, 간천엽 등을 먹으러 갔었고, 그 맛이나 분위기는 믿고 가볼 만한 가치가 충분히 있다고 여겨진 식당이었다.
 지금도 평일이고 주말이고 상관없이 많은 사람들이 북적인다. 특히 애주가들을 이끄는, 첫술에 속 깊이 시원함 타고 내려가는 해장국부터 수육, 해장에도 어울리는 안주들로 알차게 구성된 음식을 접할 수 있다. 물론 맛에 대한 호불호와 번잡한 분위기에 대한 느낌은 사람마다 다를 수도 있다.

  야들야들하게 결이 찢어지는 듯한 모둠 수육은 잡내 없이 삶아낸 이 집만의 비법이 느껴지며 더욱 맛이 일품이다. 그리고 편한 사람들과 격의 없이 찾을 수 있는 이곳에서 부위별로 간장 양념에 콕 찍어 한 입 먹다 보면 자꾸만 바닥을 보여주는 소주를 끝도 없이 들이켜며 '술 도둑'에 빠진 적도 여러 번이었다. 물론 나는 이 집과 어떤 관계가 있는 것은 절대 아니며 그냥 이곳은 나만의 기호가 반영될 뿐이다.

  그렇게 좋아하고 술친구들과 놓치지 않던 그곳이 이제는 나의 신상 변화에 따라 조금씩 멀어지고 있음에 안타까움이 있다. 소리 없이 다가와 엄청난 상처를 남기고 간 질병으로 인해 술을 맛볼 수 없고, 술자리조차 쉽지 않기 때문이다. 아직도 연락을 주고받는 술친구들이 가끔 나를 위로하듯 오늘 그곳에서 간단히 식사라도 하자는 말에도 난 옛날과 같은 설렘이나 흥분도 그다지 없이 자리를 함께한다.

  시간과 잔의 부딪침이 길어질수록 친구들은 흥이 달아오르고 대화들이 직진에서 꼬임으로 혼란스러워져도 난 큰 반응 없이 물만 비우며 바라볼 뿐이다. 함께 젖어 동질감을 가지고 빠지다 보면 같은 모습으로 기쁨과 흥분에 쌓였겠지만, 맹숭맹숭한 정신으로 물에 떠도는 기름처럼 멀쩡해 외롭기까지 하다.

  그럼에도 가끔은 술 없이 생각나는 해장국이 당기고, 부드러운 수

육의 담백함을 찾으려 친구들과 함께 그 집을 방문하고 옛 추억에 빠져든다. 비록 내가 그전처럼 단골로 자주 찾지는 못해도 그 집은 여전히 그 자리에서 기쁨과 흥분을 안고 들어온 여러 손님들을 받고 맛난 음식을 제공하며 성업하고 있다.

만두의 추억과 인연

 나는 만두를 유난히 좋아하고 즐기는 편이다. 수많은 종류만큼 여러 가지 조리법으로 만들어져 입맛을 일깨우며 즐겁게 해주기에 자주 즐기는 편이다.
 만두는 전 세계적으로도 어렵지 않게 찾아볼 수 있고, 나라별로 다양한 재료를 이용하여 만드는 방법이 있으며, 찌고 굽고 튀기고 끓이는 등 요리법도 수없이 많다. 밀가루 음식이 옛 메소포타미아 문명에서 시작되면서 만두와 유사한 요리가 등장해 이것이 동쪽의 아시아를 거쳐서 다시 유럽으로 퍼졌다는 설도 있으며, 국수의 기원이 실크로드를 통해 밀가루의 이동과 함께 전달된 것과 연계되었다고 보기도 한다.
 한반도에는 14세기에 원나라를 통해 고려에 소개되었다고 여겨지거나, 그보다 더 이른 시기에 중동에서 실크로드를 통해 들어왔다고 전해지기도 한다. 아무튼 오랜 역사를 가진 음식으로 수많은 사연을 가졌듯이, 내게도 만두로 맺어진 소중한 우정이 가장 멋진 인연의 하나로 남아 있다.

 중학교 까까머리 시절에 너무나 좋아했던 튀김만두(그때는 일본식 표기와 혼합된 '야끼만두'라 불렀다)를 기억하면, 아직도 고소한 그 맛이 즐거운 추억으로 남아 여전히 입안에 침이 고이고 미소가 지어진다.

그때는 교복을 착용했고, 머리카락을 3부 이하로 짧게 자르고 새까만 모자를 쓰던 시절이었다. 교복도 하복과 동복 단 두 가지였고, 특히 동복은 검은색에 차이나식 넥카라가 있던 형태였다. 먹을거리나 간식이 변변치 않은 그때 학교 매점에는 유난히 나를 유혹하던 바싹한 튀김만두가 있었다. 입학 후 학교생활에 익숙하지 않았지만, 짧은 휴식 시간에 열심히 매점으로 뛰어가 튀김만두 두어 개를 급히 사서 혼자서 맛나게 먹는 것이 새로운 학교생활의 기쁨이었다. 튀김만두는 중학교 초반 생활의 한 가지 기쁨으로 자리 잡은 추억의 조각이 되었다.

그런데 나에게만 그런 즐거움이 있었던 게 아니라 내 앞자리의 그 친구도 그 맛을 즐기고 있던 것이었다. 휴식 시간에 어딘가를 바쁘게 다녀온 그 친구에게서 수업이 시작되자 익숙하고 고소한 냄새가 풍겨왔고, 빠스락 소리와 함께 몰래 숨겨온 뭔가를 오물거리며 먹는 것을 보았다. 수업을 마치고 내가 뭘 먹었냐고 묻자 그 친구가 슬그머니 주머니에서 꺼내 노란 튀김만두 하나를 전해주었다. 그것이 우리의 인연을 이어준 첫 고리였다.

서먹한 사이를 한순간에 녹여주고 함께 즐기는 친한 사이로 연결해 주었다. 튀김만두가 얼마나 맛있고 좋았는지 우리는 까만 교복 호주머니에 기름이 배어 얼룩이 지도록 함께 즐겼다. 그와 나는 은행알이 뺑뺑이로 정해준 고등학교 진학 배정으로 인해 각자 다른 고등학교로 가기 전 3년 동안 즐겁고 쾌활하게 우정을 쌓아갔다.

중학교 시절에 즐기던 튀김만두뿐 아니라 나의 고향에는 화교들이 특별식으로 판매하던 한국식 중화만두와 얇은 만두피에 당면과 부추가 몇 가닥이 들어 있는 납작만두가 유명했다. 그중에도 태산만두와 영생덕은 군만두, 찐만두와 왕만두 삼총사로 한국식 중화만두로 유명세를 떨쳤다. 그 이후에는 새콤한 탕수 소스가 곁들여져 한입에 쏙 들어가 자꾸 먹고 싶어지는 마성의 매력을 지닌 탕수만두와 후루룩 참기름과 함께 부드럽게 넘어가는 물만두 등으로 다양하게 발전된 메뉴로 추억의 연장선에서 성업하고 있다.

그리고 시장과 분식집에서 시작해 부추와 당면뿐인 소에 얇은 피를 덮어 만두를 만들고, 기름에 고소하게 구운 뒤 파와 고춧가루를 얹어 간장 양념장을 뿌려 먹던 납작만두는 미성당이 떡볶이와 함께 유명했다.

다른 고등학교 진학으로 항상 볼 수는 없었지만 그 친구와 나는 그 후에도 만두를 좋아했고, 앞서 설명한 맛집들을 따로 또 같이 찾았다. 그러나 대학과 사회생활의 시작부터는 술이 다른 음식과 함께 즐겨지다 보니 만두는 가끔 찾는 별식이 되었다. 또 서로의 생활도 달라 제조업과 금융업으로 나뉘져 만남도 줄었으며, 만두를 함께 즐길 수 있는 시간도 줄어들었다.

하지만 만두가 만들어 준 우리의 우정은 끊임이 없었으며, 서로의 아픔과 문제는 언제나 함께 나누고 기쁨을 서로에 전하는 시간들이 이어졌다. 그래도 나는 가족과 친지들에게 내가 좋아하는 음식 중의 하나로 별미의 만두를 제공하는 경우가 많았으며, 만두를 먹을 때마다 친구의 생각과 맛을 느끼며 그 시절의 추억에 빠져들기도 했다.

　세월이 흘러 조금은 안정된 삶을 살아가는 요즘에도 그 친구와 나는 여전히 만나고 있지만, 먹거리가 다양해지고 풍부해진 메뉴로 인해 만두는 순위에서 뒤처져 있다. 그럼에도 시대의 변화와 함께 다양하게 발전하는 한국식 만두와 중국 및 일본식 만두들까지 우리는 여전히 좋아하며 즐기고 있음을 알고 있다.

　고소했던 추억의 튀김만두로 연결되어 40년을 훌쩍 넘어 50년의 만남으로 이어져 온 그와의 우정은 아마도 만두의 긴 역사 속에 함께 한 부분을 만들어 온 것 같다. 모락모락 김이 피어오르는 만두 찜솥을 볼 때나 고소한 만두 냄새가 나는 음식점을 지나갈 때면 나도 모르게 어느새 주문을 하고 있다. 그 순간 단짝 친구가 생각나며 그리워진다.

　만두 때문에 그 친구가 생각나는지 친구를 생각하며 만두를 찾는지 중요치는 않다. 아무튼 서로의 삶이 달라 각기 다른 지역에 떨어져 살지만 그 친구에게 전화로 안부를 전하고, 다음 만남에는 만두를 함께할 것을 약속하며 아쉬움을 뒤로한다. 고향의 만두가 그립고 친구는 끝없이 좋다.

호당

나는 국민학교(현재의 초등학교, 이하 초등학교) 시절이 많다. 포항의 이가리라는 곳을 시작해 영천시의 영화라는 곳, 청통면의 호당을 거쳐 대구의 동도로 옮겨와 동성이라는 초등학교를 졸업하였다.

그중 호당은 가장 긴 시간을 보낸 초등 시절의 마을로 아버지가 근무하시던 학교로 나도 그곳을 다녔다. 학교의 규모는 한 학년에 2반 이하로 구성되어 있고, 주변의 10리(4km) 이내의 다른 마을 학생들이 있었다. 호당동은 그 당시에는 주변 마을보다 가장 큰 마을로 초등학교가 있었고, 김녕 김씨의 집성촌으로 아늑하고 조용한 마을이었다.

나는 그 학교를 오래 다녔지만 졸업은 하지 못했으며, 그 후 27회 졸업 동기 대우는 받고 있고 지금도 그때의 친구들과 만나고 있다. 하지만 현재 호당초등학교는 학생 수가 점차 줄어들어 분교에서 다시 폐교로 되어 다른 시설로 활용되고 있다.

중학교를 지날 무렵부터 호당은 나의 제2의 고향과 같아 시골 친구들과 친하게 지냈으며, 대구의 친구들과 함께 찾기도 하였다. 그때부터 푸르른 추억들이 많이 만들어지기 시작했다. 여름 방학에는 동기들과 모여 밤의 별을 헤며 낚시도 하고 과일 서리도 했으며, 겨울 방학에는 추위에 떨며 이 마을 저 마을 친구들과 어울려 다니며 집이나 과수원에서도 놀기도 하였다.

그리고 고등학교를 다니면서 호당의 친구들이 내가 살던 대구로 유학을 오기도 하였고, 그들은 하숙으로 자유로운 생활을 했기에 나와 다른 점도 있었다. 이때를 계기로 점차 교류의 폭을 넓혀가며 여러 친구들과 만남을 가지던 시기이기도 했으며, 너무나 아련하고 꿈만 같은 추억과 함께 많은 이야기가 만들어지기도 했던 비밀스러운 시간들도 있었다. 호당을 가기도 했지만 대구나 영천, 경주 등을 여행하며 우정을 쌓아 갔다. 하지만 서로의 이해 부족과 달라진 환경으로 인해 관계가 소원해지기도 했고, 다시 만나는 가운데 각자의 길이 달라지며 만남도 줄어들었다. 아마도 파란 청년과 빨간 처녀의 마음과 같이 농숙해지며 바뀌어 가는 생활과 환경에 따라 변화를 겪는 시기였던 것 같다.

대학을 진학하면서 각자의 목표와 사고가 변화하며 더불어 관계는 더욱 소원해지고, 점차 바쁨 속에서 멀어져만 갔다. 다시 군 입대, 취업, 결혼의 시간을 지나며 가끔은 서로의 안부를 전하긴 했지만 새로운 각자의 생활에 여유를 찾기 어려워 만나는 것은 어려워졌다. 나는 더 멀고도 혼잡한 서울의 생활을 시작하며 더 많은 허들이 있었다. 그러다 각자의 직장과 생활이 안정되어 가면서 조금씩 시간의 여유가 생겼고, 그리운 추억의 앨범의 모습을 그리워하며 서로를 찾게 되고 만남이 다시 이어졌다.

이런 시간들의 과정에서 만들어진 시골 친구들의 관계는 도시의 친구들이 가지지 못하는 추억과 만남과 다르게 전개되고, 그 돈독함의 깊이도 다르게 느껴진다. 그때 그 시절에는 도시보다 만남의 폭이 넓지 않아 친구들에 대한 강한 우정이 깊게 만들어지고, 그나마 가끔 만날 수 있는 같은 고향이라는 점도 있었을 것이다. 또한 씨족 사회구성의 요소가 가미되어 서로의 연계 관계가 높은 점도 존재하였다.

　여하튼 나의 복잡다단한 나의 초등 시절은 포항 · 영천 · 대구로 이어졌고 그로 인해 그 정체성이 복잡했다. 그리고 도시와 농촌을 오가며 여러 친구들을 만났고, 그때 모습을 회상하면 너무나 다정다감한 추억들도 많았다. 시골에 가면 도회지의 아이로 도시에 오면 시골을 아는 아이로 여러 감성을 가지기도 했다. 하지만 이렇게 나는 조금은 다른 환경과 문화를 느끼며 자랐고, 다양한 친구들과 관계를 가지고 지금의 모습으로 여기에 서 있다.

향나무

나는 향나무를 좋아한다. 어릴 적 필기구인 연필을 사용할 때 문드러지고 짧아진 연필을 칼로 깎을 때 배어 나오는 향긋한 내음으로 새로움이 전해져 좋았고, 제사를 지낼 때 향로에서 피어나는 향 내음이 누군가를 떠올리게 은은한 향나무 연기가 전해줘 좋은 느낌이 더해졌다.

일반적 나무들이 곧게 자라 주택용 목재나 대형 가구용 판재 및 산업용으로 많이 쓰이지만, 향나무는 비스듬하거나 꼬이며 자라 연필이나 향기목으로 많이 쓰이며, 조각재 · 가구재 · 장식재 등에 멋과 향을 함께 가진 용도로도 사용된다.

또한 향나무는 동양화에서 푸근하고 절개 있는 모습으로 많이 표현되듯이, 주로 한국 · 일본 · 중국 및 몽골에 분포하여 자라며, 크게는 20m 정도까지 크지만 그 생명은 수백 년을 넘어 천년의 고목으로 자란다.

향나무의 특색을 보면 상록의 녹색 잎은 마주나거나 돌려나며, 새싹(맹아:萌芽)은 잎사귀에 날카로운 침이 달려 있고 7~8년생부터는 비늘 같은 부드러운 잎으로 자란다. 특히 잎들은 가지를 보호하며 보이지 않을 정도로 빼곡히 밀생한다. 침이 달린 새 잎사귀는 아마도 어린잎이 천적들에 대항하여 날카로운 가시로 자신을 방어하고 익어가면서 둥글게 부드러움을 보여주는 것 같다. 향나무는 측백나무와 같은 과의 식물로 측백나무는 곧게 자라며 잎이 평편하고 부드럽게 자라 형태가 다르지만, 나무의 특유한 향을 품은 것이나 열매의 모양은 비슷하다.

향나무 가지는 새로 돋아날 때는 녹색이지만 3년 정도 지나면서 검은 갈색으로 변하여 세월을 품고 역사를 담아 만들어 간다. 꽃은 4~5월에 자갈색으로 피고, 열매는 이듬해 가을에 자흑색으로 익어 안에는 1~6개(주로 3개)의 종자가 들어 있다. 번식은 이 종자나 꺾꽂이로도 이뤄진다. 그리고 다사다난한 역사의 흐름과 척박한 환경의 변화에 따라 꺾이고 잘려도 다양한 적응성을 보여주며 아픔을 해결하는 향나무의 강인함도 있다.

향나무는 상나무나 노송나무로 불리며, 약재로도 쓰이는데 잎은 약성이 따뜻한 성질에 매운맛이 있고 강렬한 방향의 향기가 있는 생약재이다. 생약명은 회엽이라 하여 활혈, 거풍, 해독, 감기, 관절통, 타박상, 두드러기, 단독, 종독 등을 치료하는 한약재이며, 민간에서는 소염, 월경불순, 통경약으로 사용되고 있다. 서양에서는 향나무의 부드러운 어린 새싹은 샐러드용으로 쓰이고, 말린 어린 새싹은 훌륭한 차로도 활용한다. 더불어 향나무 열매는 위장에 좋으며 무거운 음식, 특히 지방이 많은 요리, 양배추 및 콩의 소화를 촉진제로 사용하고, 맥주나 양주의 향으로도 쓰인다.

이처럼 향나무는 우리에게 나무 자체로 눈과 마음에 안식을 주고, 그 향으로 코와 심신을 달래주며, 목재로 다양한 생활에 활용되며, 식재료나 약재로도 사용된다. 향나무는 이를 위해 잎, 열매, 줄기 등 나무 전체를 아낌없이 내주며 수천 년의 인간사를 함께 꾸며주고 있다.

이렇게 다양하고 이롭게 활용성을 인간에게 주기 위해, 향나무는 어린잎을 동물로부터 침으로 보호하여 자라며 험악한 환경과 갖은 변화에도 오랜 풍파의 세월에도 멋진 모습을 뽐내며 위용을 유지한다. 우리네 인간사에서도 자신을 사랑해야 다른 사람으로부터 존중받을 수 있고, 다양한 변화와 불리한 환경이나 조건들을 극복하고 적응하며 발전하는 모습을 보여주는 위인들이 있다. 대부분의 사람들은 세상에 필요하고 존경받을 수 있는 향나무 같은 사람이 되고자 인내하고 노력한다.

또한 자신을 희생하고 아낌없이 내주는 향나무의 향기와 활용성을 배워, 인간으로 태어나 인류를 위한 하나의 의미로 남고 멋지게 떠나고 싶은 마음과 의지를 가지길 원한다. 나도 어떠한 환경을 탓하기 전에 극복과 인내를 기반으로 노력하는 삶을 언제까지나 가지고 싶다.

하지만 이제는 샤프나 볼펜에 밀려 연필을 깎아 사용할 일이 없어 깎을 때마다 느껴지는 향나무의 향기에 새로움도 없어졌고, 추모와 기념의 자리에서 피어오르는 하얀 연기와 함께 고인을 회상하던 의식도 인공 향불로 대체돼 사라져 가고 있다. 더불어 경쟁과 차별화 속에 인내하며 희생하는 향나무를 통한 여러 교훈들과 멋진 가구들도 점차 소멸되는 것 같다. 아마 요즈음 세대에서는 받아들이기 어려운 고루한 모습과 가르침이라 보일 것이다. 그래도 향나무는 여전히 세상 풍파를 이기며 여전히 역사를 품은 채 고고한 자태를 지키고 있다.

역사를 품은 향나무

- 서울 창덕궁 궐내각사 향나무, 규장각 봉모당 뜰 앞: 창덕궁보다 오래된 수령 약 750년, 천연기념물 제194호
- 서울 동대문구 선농단 향나무: 수령 약 500년, 천연기념물 제240호
- 경기 남양주 양지리 향나무: 수령 약 500년, 천연기념물 232호
- 경북 울릉 서면 통구미의 향나무 자생지: 천연기념물 제48호
- 경북 울릉 서면 대풍감의 향나무 자생지: 천연기념물 제49호
- 경북 울진 죽변면: 후정리 향나무/천연기념물 제158호, 화성리 향나무/천연기념물 제312호
- 경북 안동 와룡면 주하리 뚝향나무: 천연기념물 제314호
- 경북 청송 안덕면 장전리 산18, 영양남씨 묘 앞: 수령 400년 이상, 천연기념물 제313호
- 경북 안동 주하리 주촌종택 뚝향나무: 천연기념물 제314호
- 충남 천안 양령리 향나무: 수령 약 1,200년, 천연기념물 제427호
- 충남 서산 송곡서원 향나무: 수령 약 550년, 천연기념물 제553

호, 충남 기념물 제170호
- 충남 세종 봉산동 향나무: 수령 약 400년, 천연기념물 321호
- 전남 순천 송광사 천자암의 쌍향수(곱향나무): 수령 약 800살, 천연기념물 제88호
- 부산 송정역 철길 향나무길: 부산 등록 문화재 제302호, 역보다 오래된 수령 100년 이상
- 경기 여주 신륵사 향나무: 수령 약 600년, 여주시 보호수
- 경기 강화 보문사 향나무: 수령 약 700년, 인천 기념물 제17호
- 경기 안산 팔곡리 향나무: 수령 약 600년, 경기 기념물 제31호
- 경기 가평 상면 연하리: 수령 약 300년 이상, 경기 기념물 제61호, 이천보 고가
- 경남 밀양 무안리 향나무: 수령 약 300년, 경남 기념물 제117호
- 경북 울릉 도동항 옆 절벽지: 수령 약 2,500년(기록을 넘은 오래된 향나무
- 경북 성주 백인당 향나무: 월항면, 경북 기념물 제171호
- 경북 안동 석수암 향나무: 수령 약 400년, 경남 기념물 제106호
- 경북 경주 양동의 향나무: 수령 약 500년, 경북 기념물 제8호, 송첨 종택
- 경북 의성 사촌리 향나무: 수령 약 500년, 경북 기념물 제107호
- 경북 포항 청하면 용두1·2리: 허우리 향나무, 수령 약 300년 (울릉도 묘목
- 경북 영천 자천초등학교 향나무 고목

친구 I

문득 시간의 흐름을 아쉬워하며 떠오르는 철없던 중고등학교 시절을 기억하면 너무나 그립고 보고픈 친구들이 많다. 그중에도 같은 중고등학교를 함께 다닌 자그마한 덩치에 빡빡 깎은 머리가 눈부시게 하얗던 명석한 한 친구가 있었다. 그는 남다른 집중력과 차분한 성격을 가졌고, 옅은 미소에 항상 진지했던 모습이 기억에 또렷이 남아 있다.

새하얗고 똘망똘망한 눈매와 까랑까랑한 목소리에 특히 공부를 잘하는 그가 나는 항상 부러웠고 친해지고 싶었다. 하지만 학년에 10반이나 있었고 콩나물시루같이 많은 동기가 700명이 넘어 중학교 때는 같은 반이 한 번도 되지 않아서 특별한 친교를 가지진 못했다. 나도 나름 공부를 좀 하긴 한 것 같았지만 이런저런 상황과 이유로 집중력이 미흡했고, 가까운 친구들의 유혹과 의리가 나를 더 기쁘게 했기에 즐겁게 놀기만 좋았던 시간을 보냈었다.

그렇게 철없이 마냥 즐겁기만 했던 중학교를 떠나 더욱 거리가 멀어진 고등학교를 가게 되고 실망에 빠져 무의미했던 입학식에서 그 친구를 다시 보게 되었다. 물론 많이 친하지 못해 서로를 잘 알지는 못했고, 그저 같은 중학교 출신이라는 것만 알아 먼발치에서 서로는 눈인사만 나누었다. 그렇게 시작한 고등학교 생활은 중학교 때와 다르게 친구의 중요성을 조금은 더 깊이 알고 또 다른 추억을 만들어 갔다.

여전히 중학교 때처럼 많은 숫자의 동기생들이 있었던 고등학교에서도 여전히 같은 반이 되지 못했던 그와 나는 복도를 오가며 가끔 "안녕." 하는 인사 정도만 나누는 사이로 지냈었다. 물론 중학교 때보다는 좀 더 친근하게 서로의 이야기도 나눴고 안부는 전하며 서로의 시간을 보냈지만, 더 깊은 나눔을 가지진 않았다.

그 후 대학도 다르게 진학하였고, 그는 문리과, 나는 기계과를 선택하며 서로 다른 길을 가게 되어 더욱 기억에서 멀어졌다. 나는 대학 진학과 군 입대와 전역, 복학을 거쳐 과학자가 아닌 치열한 경쟁의 삶을 향한 취업의 과정을 거쳐 갔다. 그 기간은 아마도 10여 년의 시간을 가져갔고, 친구들보다는 사회라는 울타리와 경쟁의 벽을 넘기 위해 정신없이 바빴으며 새로운 만남으로 또 다른 영역을 만들어 갔다.

그 이후 약간의 여유와 스스로 세상을 개척해 갈 수 있는 힘이 자라나, 지난 시간을 돌아볼 수 있는 기회가 고등학교 졸업 20주년으로 찾아와 동기들과 만남의 시간이 이루어졌다. 모두들 더 좋은 세상을 가지려 더 높은 기회를 향해 뛰기만 했던 시간에 묻혀 지내다 오랜만에 반갑게 만났다. 아름답고 행복했던 추억의 그 고교 시절을 찾으려 겨우 짬을 내서 올 수 있었던 모임은 너무나 유쾌했고 기억해 내기에 분주했었다.

가물가물했던 추억의 시간을 다시금 일깨우며 누가 더 많은 기억을 가졌는지 키 재기 하듯이 서로를 찾고 안부를 주고받는 시간이었다. 변화된 모습에 도전과 실패를 자랑도 하며 새로운 관계를 맺고자 서로의 현실과 미래를 이야기하기도 했다. 그리고 모든 동기가 함께할 수 없는 상황이었기에 참석하지 않은 친구들의 모습을 그리며 궁금함을 풀어보기도 하였다.

나도 그때 그 친구가 그리웠고 보고 싶어 어떻게 변했는지 상상하며, 주변 친구들에게 물어보았는데 뜻밖의 이야기를 듣게 되었다. 그가 번잡하고 세속적인 세상을 떠나 구도자의 수행길을 걷고 있다는 것이다. 출가를 하여 불교 경전 화엄경을 탐구하는 스님으로 있으며, 넓고 깊은 부처의 세계를 찾고 있다는 것이다. 물론 그가 남다른 진리를 추구하며 이상의 실현에 뜻을 가지고 있음이 보이긴 했으나 그렇게 속세를 떠나 구도자의 길을 걷고 있음에 놀라지 않을 수 없었다.

나는 가끔 뜻 없이 교회나 사찰을 가서 성자들의 뜻을 전하는 성직자들의 말씀을 들으며 나의 모습을 바라보긴 했다. 하지만 현실의 세상에 존재하는 나만을 생각했으며 오직 위안을 받기만 했을 정도였다. 믿음도 크게 가지지 못했지만 구도자의 길은 상상도 한 적이 없어 전혀 이해할 수 없었다. 나는 중고교 시절 집중력이 낮았고 그냥 즐거움으로 지나쳐 갔지만, 총명하고 또렷한 모습의 그 친구가 구도자의 길을 걷고 있다는 것에 그저 멍할 뿐이었다.

스님의 법명은 정법이라 했다. 정법이란 법명은 막연히 그와 너무나 어울린다는 느낌을 가졌고, 지금의 모습을 그려본다. 지난 중고 등학교 시절에 스님과 6년간 한 번도 같은 반이 되어보지는 못했지만, 정직하고 강직한 모습의 까까머리에 유난히 맑은 빛의 눈매와 미소가 기억이 난다. 자주 대화를 나누지는 못했지만 짧은 말에도 따스함이 묻어 있었고, 일반 생활에서도 정확하고 절제하는 느낌이 남아 있다. 지금도 여전히 변함없는 모습에 더 맑고 선한 눈매와 당찬 목소리를 들려주며 더 큰 세상을 열어가고 있을 것이라 믿었고 생각했다.

다시 볼 수 있다면, 친해지고 싶었으며 부러워했던 그가 아닌 스님으로 보고 느낄 수 있을까? 40년을 넘은 시간이 바꿔놓은 다른 길의 만남은 어떠할까? 나는 출가의 의미와 구도자의 삶을 정확히 모른다. 그저 가출이나 알고 욕되지 않게 살려 발버둥 치는 정도이다. 꿈에서도 그려보지 못한 구도자의 수행길은 어떤 것이며 무슨 의미가 있을까? 아마도 어설픈 세상을 밝고 이롭게 이끌며 스님이 찾고자 하는 의미의 길을 걷고 있을 것이라 상상한다.

뜨겁게 식지 않을 것 같았던 여름이 지나고 선선하고 뽀송뽀송한 날씨가 생기 차게 해주는 어느 날 스님을 만나 뵐 수 있다는 소식이 왔다. 40년을 훌쩍 넘어 다시 만날 정법 스님의 모습을 그리며 온갖 상상을 다 해본다. 그리고 나는 스님께 한번 안아보고 싶다 할 것이다. 그리고 스님의 느낌과 향을 맡고 싶다. 잠시의 여유를 가지고 정화하고 싶은 내 욕심을 채우고 싶다.

친구 II

철없이 질주하던 고교 시절 나와는 다른 세상을 꾸미고 있던 여러 무리들이 구성되어 있었다. 그중 유별난 두 조직이 있었고, 군사의 한 무리를 뜻하던 군사 용어인 일진이 있었고, 이들은 일그러진 영웅으로 표현되던 남다른 집단이었다. 그 속에서도 가장 큰 힘을 가진 리더가 있었고. 그를 장군이나 짱이라 부르고 있었다. 또 다른 생각의 집단에는 얄개같이 엉뚱한 생각과 행동으로 사고를 만들던 친구들도 있었다. 그런 다양한 모습으로 공부 잘하던 친구, 운동 잘하던 친구, 음악과 미술을 잘하던 친구들뿐 아니라 어찌나 조용하던지 보이지도 않던 친구들까지 각자의 특색을 가지고 학교생활을 보내고 있었다.

그리고 어떤 조합과 의미를 가지고 만났는지 알 수는 없지만 삼삼오오 무리를 지어 좀 더 친하게 지내던 친구들도 있었다. 그 가운데 나는 친구를 두루 넓게 사귀는 편이었고, 긍정적이고 명랑한 성격에 무난하게 학교생활을 보낸 편이었다. 물론 내가 생각했던 나의 모습과 성격이었다. 그리고 나는 어찌하다 과학과 수학이 중심이던 이과를 택하게 되었지만 국어와 함께 문학도 좋아하는 편향적이지는 않은 생활을 하며 지냈었다.

이렇게 별 두각 없이 지낸 고교 생활이 성인 되어 어떻게 다음 세상에 반영된 건지는 알 수 없지만 나는 여전히 친구들과 좋은 관계를 유지하며 사회의 일원으로 살고 있다. 그래서 학교 시절의 친구뿐 아니라 직장과 사회에서도 두루 관계를 가지며 친구들을 사귀었다.

이렇게 평범하게 무난히 지내온 나에게 누구에게나 나쁘고 무서운 암이라는 존재가 찾아왔고, 지금까지와 다른 형태로 가족이나 친구와 지인들에게 따스한 격려와 위로의 느낌을 받게 되었다. 그때 받은 우정의 이야기 중에 수많은 무용담과 사건을 가진 고교 시절 한 무리의 짱이었고 불의를 유난히 싫어하던 한 친구에 대해 써 보려 한다.

그와는 고교 시절에 많이 친하지는 않아 지나치며 서로의 안부를 묻고 잘 지내냐는 인사를 주고받았던 그런 관계였다. 그 이후 사회생활을 하던 중 번잡하고 경쟁이 가득한 서울의 한 모퉁이에서 만나 처한 상황을 살피며 조금은 돈독한 관계를 만들어 갔다. 그러던 중 이리저리 얽힌 문제의 오해와 이해를 거치면서 서로를 더욱 깊이 알게 되어 친밀하게 마음을 주고받았다. 또한 서울의 외로움을 함께 나눌 수 있는 관계로 발전되었다. 그 후에 나는 직장생활의 마감을 기하여 짧은 남쪽 여행을 준비했고 그가 기꺼이 동반해 주었다. 여행에서는 나에게 도움을 주었던 지인들과 선후배를 만났고, 그를 자랑스럽게 소개까지 하였으며 나름 의미 있는 여행이 되었다.

그리고 갑자기 나에게 다가오는 폭풍 전야와 같은 상황을 알게 될 무렵 그가 보여준 반응에 다른 친구들을 깜짝 놀라게 했다. 평소 어지간한 일에 무서움이나 두려움도 없었던 그가 나의 상태를 알고서 억수 같은 눈물을 쏟았고, 집으로 돌아가는 길조차 헤매며 아파했다는 것이었다. 내 앞에서는 그까짓 것 별거 아니니 걱정 말라며 다른 친구들과 함께 위로하던 그였기에, 도대체 나와 어떤 사이였기에 그렇게 슬퍼했는지 모두들 의아해했다. 그렇게 새롭게 알고 느껴진 그의 순수함과 여린 마음은 다른 친구들이 이해 못 한 부분으로 나에게 더욱 다가왔다.

그 뒤 그의 위로는 끊임이 없었으며 용기를 북돋기 위한 노력을 쏟았다. 아찔하고 무시무시한 수술을 마치고 회복기일 때는 병문안을 온 그가 슬며시 내 손을 맞잡고서 잘 견뎌냈다며 말을 전했고, 지속적으로 나의 상태와 체력을 몰래 체크하곤 했었다. 더불어 빙그레 웃음으로 전해준 그의 마음은 찐한 친구의 사랑으로 더 크게 느꼈다.

그렇게 무섭다는 암을 이겨내고 정복할 수 있었던 것은 물론 의료진과 최신의 의학 기술이라는 점에 첫 번째 점수를 부여한다. 희미하게 느껴지는 이상을 발견하고 명확화하여 수술이란 방법을 통해 덩어리를 제거해 낸 너무나 근본적 의학 기술이었고, 항암을 통해 치료도 이 시대의 선물과 같은 것이었다.

하지만 이에 버금가는 것이 가족들의 무한한 희생과 조건 없는 보살핌이었으며, 더불어 친구나 지인들의 넘치는 위로와 엄청난 기도의 힘이었다. 다시 내가 건강을 찾을 수 있었던 것은 바로 그들의 염려와 끝없는 사랑이었음을 생각하며 다시금 감사를 보낸다. 모자라고 나약한 나를 위해 보내준 뜨거운 마음과 기원들이 내 속의 고통과 상처를 걷어내 주게 하였고, 더 좋은 세상의 시간을 함께 가질 수 있게 해준 것이다.

다시 돌아가 그중에도 그가 전해준 깊은 우정과 아픔을 견뎌내고 극복하기를 바라던 간절함으로 나는 다시금 일상의 소중함을 맞이하게 되었다. 더불어 그가 보내준 귀한 약재들과 보양식뿐 아니라 끝없는 위로의 마음이 나의 아픔도 가볍게 하였다. 지금도 주기적으로 나의 상태와 건강을 염려하며 배려를 해주는 그의 마음과 행동은 끊이지 않음에 나는 그저 감사할 따름이다. 먼 시절 나와 달랐던 그의 과거는 영화 같은 한 조각으로 남아 있겠지만 강직한 행동과 유연한 마음이 좋아서 우리는 진한 인연으로 이어졌다. 그리고 지금의 모습과 함께하는 동행이 있어 우리는 너무나 정겹다.

그는 내일도 여전히 안부와 소식을 전해오겠지만 오늘은 내가 먼저 그를 찾아가서 맛난 식사를 나누고 싶다. 앞으로도 그와 함께 서로의 강점은 나누고 약점을 보완해 주며, 더 먼 길을 갈 것을 생각한다. 언제나 함께할 그를 생각하니 여전히 의지가 되고, 축제 같은 만남들에 설렘이 배가된다. 나는 여전히 행복한 사람이다.

축구와 영업

나는 스포츠 중에 축구와 야구를 좋아하고, 특히 대한민국 국민이라면 누구나 같겠지만 국가 대항전은 놓치지 않고 보고 있다. 그리고 기계를 전공하였지만 기술자라는 허울을 쓰고 영업과 사업 관련 일을 더 많이 하였다. 그러던 어느 날 우리보다 축구가 우월한 스페인에서 우연히 축구와 영업을 비교할 기회를 가졌고 그에 대한 나의 생각을 적어본다.

축구와 영업을 비교하기에는 직접적 연관성을 찾기는 힘들겠지만 운영과 전략적 측면에서 비슷한 과정이 있음을 알 수 있고, 그 결과에서 다양한 교훈들을 찾을 수 있었다. 먼저 축구에서 강팀과 약팀의 구분은 이미 많은 시합과 결과의 비교에 따라 승패는 대부분 예측할 수 있다. 하지만 실제 축구의 승패는 '공은 둥글고, 종료 휘슬이 울려야 그 결과를 알 수 있다.'는 축구의 교훈처럼 상황과 조건, 전술, 전략에 따라 기적적 결과가 발생함을 많이 볼 수 있었다. 또한 영업에서도 그 판매 상품의 종류나 특징에 따라 다를 수 있겠지만 다양한 상황과 조건들에 의해 결과가 예측될 수도 있다. 그러나 과거의 실적을 바탕으로 예측한 계획들이 실제로 이뤄진 계약에서는 다른 결과가 보이는 경우를 흔히 경험할 수 있었다.

이와 같이 축구와 영업의 상황과 조건에 따른 예측이나 계획대로 대체적으로 그 결과를 가져오는 것이 일반적이지만 사전에 수많은 준비와 실제에서의 변화를 즉응하지 않으면 많은 실패를 경험할 수도 있다. 이러한 준비와 변화의 즉응은 성공의 중요한 요소이며, 그 중에 축구에서 특징적 상황의 세 가지를 살펴보면 다음과 같다.

축구에 비유된 영업/비즈니스의 내용은
1. 이미 골에 대한 대부분의 상황과 조건이 갖춰진 상태인 페널티 킥: 축구에서 가장 높은 골 성공의 확률을 가진 페널티 킥도 실패할 수 있다. 페널티 킥이 가장 높은 골 성공의 확률과 결과를 준 것은 많은 결과로 알려져 있지만 그때 키커의 육체적, 정신적 상태와 경기장 환경에 따라 결과에 많은 영향을 미친다. 즉 비즈니스에서도 골이 확실하다는 페널티 킥과 같은 상황은 제품과 고객이 주는 많은 정보에서 이미 확실한 계약을 예측한 경우이며, 이를 진행하는 키커의 영업은 고객이 가지는 명확한 가치에 따른 결정이나 경쟁에서 결정적 위협을 해소하고 실수하지 않는 상황을 만들어야 계약에 성공할 수 있는 것이다. 즉 골을 넣어야 하는 키커는 철저한 준비와 상황을 통해 골을 얻을 수 있으며, 반대 상황인 키퍼의 입장에서는 이미 스트레스를 받았겠지만 이에 대비한 판단으로 골을 막아야 하는 현실인 것이다. 같은 형태로 영업은 골을 막을 키퍼의 입장도 알아야 반대 상황을 역전하여 고객을 유지하고 확장할 수 있다.
2. 좀 더 수월한 골을 만들기 위한 세트 플레이(Set Play)의 경우:

축구에서는 상황에 따라 코너킥이나 다양한 프리킥을 통해 골을 만들 때, 수많은 연습과 시뮬레이션을 통해 다양한 방법의 세트 플레이를 통해 골을 만든다. 세트 플레이는 정지된 상태의 볼을 조직적이고 계획적인 연습을 통해 미리 약속된 패턴으로 펼치는 공격 전술이며, 쉽게 골을 획득할 수 있는 방법이기도 하다. 이는 수많은 경우를 시뮬레이션하고 최적의 해를 찾기 위해 가진 자원(Resources)과 상황 등을 조건화하여 찾아낸 성공의 방법이다. 그럼에도 순간의 판단과 실행에는 성공과 함께 실패도 가져올 수 있다. 비즈니스에서도 이처럼 많은 상황에 따른 연습과 닥쳐올 예정 조건에 맞춘 영업 준비를 한다. 물론 이때도 과정이나 상황의 변경으로 인해 성공의 결과가 빗나갈 수 있으므로, 과거 경험이나 상황의 분석 및 사례의 검증을 통한 철저한 준비를 하여 명확한 프로세스를 갖추어야 한다.

3. 미드필드에서 공을 패스받아 상대에 골을 넣기 위한 경우: 축구에서는 미드필드를 시작으로 골을 만들기 위해서는 많은 전략과 전술의 준비와 시뮬레이션이 필요하며, 현대 축구에서는 빌드업(Build-Up)이라는 것이 유행한다. 이것은 골을 넣기 위해서는 골키퍼를 포함한 필드 내에 있는 모든 선수들이 전술에 따라 상대의 압박이나 방어 체제를 무력화시키는 패스워크를 통해 골망을 흔드는 것이다. 물론 이때는 각자의 포지션에 따른 역할이 있고, 끊임없는 연습과 개인기를 바탕으로 상호 유기적인 팀워크의 조화를 이뤄야 빌드업에 의한 골로 연결을 할 수 있다. 비즈니스에서도 계약

을 이끌기 위한 빌드업(Build-Up)이 사전 준비로 절실히 필요하다. 제품과 서비스의 명확한 전략과 고객을 설득과 이해로 가치를 제공할 수 있는 전사적인 협업과 공략의 전술이 준비되고 전개되어야 최종의 계약을 가질 수 있는 것이다. 이것은 영업 대상의 분석과 함께 GTM(Go-To-Market) 패키지나 영업 툴, 제안, 설명 등의 프로세스에 따른 준비가 관련 전 부문이 일사불란하게 팀워크와 협업 체계를 가지고 계획하고 활동하여야 한다.

이상과 같이 축구에서 골을 만들기 위한 세 가지의 특정 상황인 경우를 영업의 상황에 비추어 설명하였지만 우리가 맞이하는 일상이나 실제 게임에서는 의외의 수많은 경우들이 발현한다. 이를 타파하기 위해서는 철저한 준비와 상황의 변화에 따른 즉응 태세를 갖추고 예측이 벗어난 경우가 있더라도 빠르게 대처하여야 성공적 결과를 만들 수 있다. 그러므로 확실한 게임 체인저(Game Changer)가 되기 위해서는 확실한 키커, 세트 플레이, 빌드업을 확실히 준비하고, 변화에 즉응할 수 있는 조직 체제와 프로세스를 갖추어야 한다.

그를 위해서는 기업에서는 수많은 경우의 수와 경험의 결과를 집대성한 탄탄한 프레임워크(Framework)가 갖춰져야 하며, 플랫폼(Platform)의 형태로 고객에게 제공되어야 한다. 먼저 프레임워크는 애플리케이션이나 솔루션의 개발을 수월하게 하기 위해 제품이나 서비스의 구체적 기능들에 해당하는 부분의 설계와 구현을 재사용 가능하도록 협업화된 형태로 제공하는 환경에 있어야 한다. 또한,

플랫폼은 각자의 비즈니스 영역에서 절대 강자로 부상하면서 비즈니스 업계에 리더가 될 수 있는 조건이며, 기본이 되는 특정 프로세서 모델과 하나의 시스템을 바탕으로 하는 운영체제와 자원을 갖추는 것을 말한다.

다시 강조하면, 고객이 비즈니스를 주도할 수 있는 조건과 환경을 갖춘 플랫폼을 게임 체인저로 제공해야 한다. 이를 위한 프레임워크는 변화에 적응할 수 있도록 다변화되는 대상 산업(기존/복합/신규), 시장(산업군의 Segment), 잠재 및 공략 고객에 대한 상세화(통계와 분석에 의한 전략/계획/자원)로 담을 수 있어야 한다. 더불어 내부적으로는 장단기 계획(2~5년)과 실행(당해 연도)의 계획, 투자 방향과 규모의 확고한 전략적 지침도 있어야 한다.

또 이들 플랫폼에 의한 제품과 서비스를 체계화하여 고객 만족의 가치로 제공하는 것도 중요하다. 이때 제공되는 제품과 서비스들은 고객의 비즈니스에 합당한 프로세스와 고객의 만족을 이끌어 낼 수 있는 모든 조건을 포함하도록 하는 것이 핵심이다. 즉 비즈니스의 기본 요소인 제품이나 솔루션, 자원들과 제공 서비스인 컨설팅 및 고객화가 단단해야 한다. 그리고 실제의 운영 유지 보수와 교육에 이르는 라이프사이클을 절차화하고 신속 정확하게 지원할 수 있어야 한다. 더불어 성공적 영업의 결과를 예측하고 과정을 점검할 수 있어야 하며, 측정할 수 있어 보상 체계와 개선 반영을 포함하는 사업 구조여야 한다.

나는 축구에서 전략과 전술에 의한 골 획득과 승리를 보며 내가 경험하고 부족함을 느꼈던 솔루션 영업에 접목하여 또 다른 사업 기회를 찾는 누군가에게 조그만 조언을 전하려 짧게 적어보았다.

최고의 친구

태어나 조금은 긴 시간을 지나며 여러 명의 다양한 친구를 사귀었고, 우정을 나누며 많은 아픔과 기쁨을 함께하고 있다. 친구는 학연, 지연에 의해 쉽게 많이 만들어지는 것이 일반적이지만, 우연하게 다가와 가장 찐하게 남는 경우도 있다. 그리고 사람의 연이 그러하지만 멀어지면 잊히고 잊히면 끊겨버리는 것이 인간관계의 보편적인 결과이다. 그래도 오랜만에 멀리서 만나려 언제든 다시 찾게 되는 것도 친구이다.

물론 어떠한 연유로 해서 우정에 금이 가고 헤어져 버리는 경우도 많이 볼 수 있다. 이들은 아마도 깊이 다져지지 않은 사이였고 서로의 신뢰가 크지 않았기에 멀어진 것이 아닌가 생각한다.

나에게는 20대를 접어들며 성인이라는 생각이 굳혀져 갈 무렵 만난 친구가 있고, 남들이 볼 때는 그리 어울리지 않는다 생각할 친구가 있다. 그는 조금은 와일드하고 남자다운 면을 가진 시골 출신의 사나이였고, 나는 조금은 도회적이고 조용한 성격을 가지고 있었다. 물론 이것은 나만의 생각이다.

우리는 우연히 어떤 사건을 바라보며 같은 생각과 행동으로 대처하게 되었고, 그 계기를 통해 가깝게 지내게 되었다. 물론 청춘이라는 멋진 시간 속에 온갖 일들을 부딪치며 때로는 협동하고 힘으로 머리로 돌파하는 나름 멋진 조합의 짝이기도 했다. 물론 이것도 우리 둘만의 생각과 행동이었을 수 있음을 알고 있다. 그리고 둘은 서로의 집도 오가며 부모님들조차 어떤 면에서도 둘의 다정함에 믿음을 주실 정도였다. 그의 아버지는 "친한 친구는 많아도 진정한 벗은 꼭 하나 있어야 하고, 그는 친구의 돌이킬 수 없는 죄도 묻어줄 수 있는 사람이어야 한다." 하셨다. 그렇게 우리는 하나의 친구가 되기 위해 서로에게 도리를 다하며, 비록 먼 거리에서 서로 다른 일로 자주 볼 수는 없었지만 자주 안부를 통신으로 전하며 마음으로 우정을 다져갔다.

가끔 서로의 다른 생각과 행동으로 부딪히며 사소한 언쟁은 있었지만 한 번도 원망하거나 멀어진 적 없이 꾸준히 우정을 쌓아갔다. 그 이후 군대를 다녀오고 대학을 졸업한 후 사회의 무한 경쟁에서도 우리는 청춘을 열정적이고 도전적으로 각자의 삶을 지켜나갔다.

특히 기쁨은 언제나 함께했고 아픔은 가족보다 더 깊이 서로가 나눌 수 있었으며, 함께 가졌던 눈물은 어디에서도 보지도 못할 정도로 뜨거웠다. 나는 어떤 사람에게도 말할 수 있다, 내가 가진 그 친구보다 더 멋지고 고귀한 친구가 있으면 자랑해 보라고. 또한 사람이 갖추어야 할 다섯 가지 도리인 인의예지신(仁義禮智信, 공자의 유교 이념으로 어질고, 의롭고, 예의 있고, 지혜로우며, 믿음이 있어야 한다)을 갖추려 서로를 다독이며 올바른 길을 지키려 노력했다. 더하여 조금은 부족했던 덕, 용, 맹(손무가 쓴 손자병법의 세 가지 장수의 분류)을 키우며 리더로

서의 자질을 갖추기 위해 각자의 자리에서 매진하였다.

그 결과 서로는 부끄럽지 않은 시간을 지냈으며, 비록 거대하지는 못 했지만 부모님이나 주위의 기대에 실망을 드린 적이 없이 사회에 적응하며 순탄한 과정을 밟아나갔다. 그리고 이렇게 조그만 글을 통해 나는 그와의 지난 40여 년의 시간을 어느 누구에게나 자랑하고 귀감이 될 수 있는 우정으로 말할 수 있다.

다음 세대들에게도 좋은 친구를 만나 50년을 넘는 우정으로 많은 추억과 멋진 기억을 더 높이 쌓이기를 바라며, 이 글을 드린다. 아직도 나에게 남은 그 친구와의 우정을 더 공고히 다져갈 수 있게 '붕우유신(朋友有信: 오륜(五倫)의 하나로 벗과 벗 사이의 도리(道理)는 믿음에 있음을 이른다는 뜻)'을 앞으로도 지켜가리라 다짐한다.

추억 속의 느림과 빠름

지하철이 문을 닫고 떠난다. 특별한 문제도 없이 이것저것 챙기다 허둥지둥 계단을 내려오니 야속하게 떠나는 임처럼 한 발치 앞에서 지하철이 떠났다. 그 시간이 느린 것인지 빠른 것인지 첫 차나 마지막 차가 아니어서 연속해 오가는 지하철에서는 분간이 그리 쉽지 않다. 그러나 그 지하철은 이미 정해진 계획에 도착했고 출발해야 하는 약속으로 진행될 뿐이었다.

우리네 일상에서 자주 겪는 일이지만 무언가를 기다리는 시간이 때론 무료하고 아깝다는 생각에 시간에 맞춰 빠듯한 일정을 잡을 때가 많다. 이럴 때는 허다하게 많이 일어나는 계획과 다른 변수로 인해 지연이 발생하고 종국에는 지각이란 아쉬움과 후회를 만들기도 하며, 조급함에 바삐 움직이다 보면 너무 일찍 도착해 멍한 기다림으로 시간을 허비하기도 하고 서둘다 보니 뭔가를 하나씩 놓치기도 한다. 또한 약간은 여유를 가진 시간이라 느릿하게 움직이다 보면 어느새 약속 시간을 지나쳐 때늦은 후회를 하기도 하고, 조금 빨리 나온다 생각해 서둘러 나오다 보니 기다림에 허망한 시간이 버려지는 것 같아 아깝다는 생각을 가지기도 한다. 물론 느림과 빠름 속에 만들어지는 많은 이점이 있음에도 마냥 느리거나 빠르다 보면 때로는 문제와 실수가 발생하기도 한다.

　지난 기억을 돌아보면 많은 일들이 넘치는 여유와 느림에 인해 발생한 지각과 놓침의 사건들이 많이 있었다. 그중에서도 유독 잦은 느림으로 문제를 야기한 여유로운 친구가 있었다. 남의 시선이나 생각에는 크게 마음을 두지 않고 나름 자신의 패턴으로 움직이는 친구였다. 우리는 그리 넉넉지 않은 시절에 함께 여행을 계획하였고, 새벽 기차를 타고 바닷가와 계곡에 가서 캠핑을 하는 일정을 세웠다. 그리고 각자 분배한 준비물을 챙겨서 역 대합실에서 기차 출발 30분 전에 만나기로 하였다. 물론 항상 지각이 많은 그 친구에게는 여러 차례 약속 시간에 늦지 않을 것을 부탁하고 각인도 시켰다.
　요즘처럼 모바일이나 교통이 발전했다면 수시로 연락도 할 수 있었겠지만 전화기도 잘 없던 시절이라 믿음만을 가지고 역 대합실에서 만나기로 약속했다. 나는 같은 동네의 친구와 시간에 맞춰 역으로 가는 버스를 타고 그 친구가 늦지 않기를 기대하며 약속의 장소로 갔다. 역 대합실을 들어서는데 저 멀리서 손을 흔들며 우리를 반기는 그 친구는 다행히 먼저 도착해 있었고, 여행의 기쁨과 설렘으로 기차에 몸을 싣고 바닷가의 첫 목적지에 무사히 텐트를 치고 즐거운 여행의 하루를 보냈다. 그렇게 우리는 1번의 추억록에 기록될 잊지 못할 여름밤을 보내고, 두 번째 목적지인 시원한 계곡과 폭포가 있는 산으로 이동하려 바다의 내음까지 함께 묶어 이동을 준비하였다.

아! 그러나 이 이동에서 우리에게 지워지지 않을 추억의 사건이 발생하였다. 바다에서 산으로 가는 버스를 타러 터미널에 함께 이동해서 차표를 발권하고 버스를 기다렸다. 그 시절엔 조금은 무질서했고 복잡했던 때라 우리도 각자 짐을 챙긴 후 한 자리라도 차지하려 밀고 당기다 흩어진 채 겨우 버스에 올랐다. 그리고 시루 같은 버스 안은 땀 냄새와 바닥의 진동이 섞여 움직이기 시작했고, 약간의 틈이 발생하여 여유를 가질 즈음, 함께 있어야 할 그 친구가 보이지 않는 것을 우리는 알았다. 하지만 버스는 이미 떠났고, 다시 돌아갈 차편이나 연락할 도구도 없음에 그저 멍하니 서로를 쳐다볼 뿐이었다. 거기다 차표도 여행경비도 우리에게 있으니 남은 그 친구가 어찌할 방안도 크게 없음에 안타까워하며 두 번째 목적지인 산 근처의 주차장에 도착하였다.

　우리는 그 친구를 찾아 다시 돌아갈 것인가 아니면 다음 차를 기다릴까 의논을 하다 일단 기다려 보기로 결정하고 대합실에 잠시 짐을 내려두고 기다렸다. 다음 차는 한 시간 정도 후에 오기에 긴 기다림은 아니었지만 우리는 별별 상상을 다 했으며, 그 친구를 원망도 하고 측은함을 가지기도 했다. 그러던 중 다음 차가 도착했고, 승객들이 한 명 두 명 내려 각자 만남과 갈 길을 떠나기도 하는 순간 그 친구가 머쓱하게 내리는 모습을 보였고 모두가 환호를 지르며 달려갔다. 일단은 다시 만남에 감사했고, 어떻게 홀로 남았다 뒤늦게 올 수 있었는지도 묻고 답하며 밤을 지새웠다. 그렇게 두 번째 숙영지에서 우리는 밤새 그 친구의 무용담을 전해 들으며, 또 다른 추억록의 한 페이지를 만들 수 있는 일화를 가졌다. 지워지지 않을 추억 속에는 버스를 놓치고 돈이 없어 구걸하듯 다음 차편을 구해서 다시 만날 수 있었던 느림과 여유 속의 해결 방안이 여전히 남아 있었다.

지금도 그 친구는 여전히 느리지만 밉지 않은 핑계와 느긋한 여유를 가지고 약속 장소에 나타나며, 그의 이름을 불러 답하면 전원이 참석했음을 확인한다.

다음의 이야기는 빠름에 의해 생긴 추억의 기록을 들려드리고자 한다. 청춘이 불타던 시절에 대학 선후배들이 함께 야유회를 가려 했다. 그 시절엔 계곡에서 흔히 불을 피워 고기를 구워서 먹으며 음주가무도 가지곤 했었다. 물론 지금은 전설 같은 옛이야기로만 남았고, 많은 정비를 통해 관광지에는 다양하고 맛난 음식점과 놀이시설로 가득하게 대체되었다.

우리는 오랜만에 청량한 야외에서 맛난 고기에 즐거운 시간을 가진다는 상상으로 갖은 음식과 음료, 주류를 준비하여 시외버스를 타고 목적지를 향해 떠났다. 그중 대장 격인 선배가 있어 마련된 준비물을 각자에게 책임을 지워 나눠주고 잘 챙겨가기를 신신당부하며 분배하였다. 특히 가장 중요한 고가의 고기는 듬직하게 덩치 큰 후배에게 맡겼다.

대장 선배는 평소에 모든 일 처리가 빠르고 급한 성격에 세밀함을 가졌었고, 든든하게 보이며 고기를 담당 받은 그 후배는 내가 보기에 잘 흥분하고 덜렁대는 면이 있었다. 여하튼 그렇게 한껏 부푼 마음과 설렘에 싸여 버스 안에서도 재잘대며 웃음이 끊이지 않는 분위기로 버스는 출발하였다. 터미널에서 출발해 한 시간을 넘게 달려 도시를 벗어나 시골길을 지나서, 목적지 근처의 유원지 입구 정류장으로 향하자 대장 선배는 화급하게 내릴 준비를 하라 모두를 재촉했다. 들떠 왁자지껄했던 분위기는 금세 수그러졌고, 도착도 하기 전에 내릴 준비로 부산을 떨었다. 버스가 정류장에 도착하자마자 여전히 대장 선배는 각자의 짐을 잘 챙겨 안전하게 빨리 내려라 다시금 재촉하였고, 우리 모두는 나름 질서정연하게 버스에서 급히 내렸다. 물론 가장 중요한 준비물인 고기를 담당한 그 후배도 서두르며 앞서 버스를 내려갔다.

그리고 우리는 급하게 계곡 길 상류로 한참을 걸어 우리만이 오붓이 즐길 수 있는 한자리를 찾았고, 각자의 짐과 함께 준비물을 한군데로 모았다. 대장 선배는 준비물을 하나씩 확인하며 챙겨나갔다. 나머지는 전체가 앉을 자리를 정비해 각자 위치를 정했고, 선배는 물, 음료, 과자, 반찬, 라면, 주류 등이 있음을 순차적으로 확인했다. 오랜만의 야외 활동에 자리한 모두가 들떠 조잘대며 즐거워하던 그때 갑자기 하늘을 찌르는 고함이 터져 나왔다. "야! 고기, 고기가 없다." 하며 담당이었던 그 후배를 찾았다. 함께 기쁨과 흥분에 빠져 정신없던 그 후배는 당황하며 불려 왔고, 극도로 화가 난 선배는 그를 다그치기 시작했다. 그 후배는 어쩔 줄 몰라 하며 허둥대기 시작했고, 급기야 떠나버렸을 버스정류장으로 빛의 속도로 뛰어가고 있었다. 그 뒤를 대장 선배가 소리 지르며 따라갔고, 남은 우리는 그저 멍하니 바라볼 뿐이었다. 제발 기쁨이 연속될 수 있고, 이 야유회를 대표할 음식이었던 고기를 찾아오기를 기대할 뿐이었다.

그렇게 한참을 지난 후 잠시 조용하게 다소곳이 기다리는 우리의 시야에 나타난 선배와 후배는 땀에 흠뻑 젖어 있었다. 가장 소중한 고기를 찾았는지 묻고 싶었지만 축 처진 그 두 사람의 모습에 아무 말 하지 못했고, 선배의 손에 들린 조그만 봉지는 보았다. 나중에 그 후배에게 들었지만 버스에서 빠르게 내리려 맨 뒷자리 의자 뒤편에 둔 고기를 챙기는 것은 잊어먹고 다른 짐만 챙겨 버스를 내린 것이었다. 그리고 화난 선배를 보자 더욱 기억이 가물가물해져서 이런저런 핑계를 늘리다 더 혼만 났었다. 하지만 떠나버린 고기를 찾을 길이 없어서, 부족하지만 남은 돈으로 유원지 근처에서 비싸게 고기를 조금 사 왔다고 했다. 그리고 조금의 시간이 지난 후 분위기는 점차 되살아났고, 아쉬움은 있었지만 고기는 너무나 맛나게 먹었다. 부족한 고기는 재밌는 놀이와 함께 흥겹게 부르던 포크송에 묻혀 잊히고 그렇게 야유회는 진행되었다. 아쉬운 배고픔도 야외의 최고 별미인 라면으로 그나마 채워졌고, 즐겁고 유쾌했던 추억의 한 페이지로 남았다.

항상 한발 빠르게 움직이며 모두를 챙기고 다그치던 그 선배는 여전히 자신의 삶과 일들을 헤치며 앞서 살아가고 있고, 우리 모두도 변화무쌍한 세상의 흐름을 따라 빨리빨리를 통해 더 좋은 생활을 담고 있다.

이처럼 때로는 느리게 여유를 통해 가질 수 있는 것들이 많이 있고, 때로는 빠르고 꼼꼼함에 의해 더 많은 기회들도 찾을 수도 있다. 여러 일들과 과제 앞에서 적절한 느림과 빠름을 조화롭게 선택해 하나씩 풀어갈 수 있는 자질을 우리가 가질 수 있다면 더 많은 기회 속에 좋은 결과까지 획득할 수 있으리라 확신한다.

나에게 좋은 추억과 교훈을 남겨준 느림과 여유를 가진 그 친구와 빠르고 꼼꼼하게 앞서가는 선배에게 이 글을 통해 감사를 전한다. 느리고 빠르다는 것은 시간의 맞춤법에 있는 것이지만, 그 환경이나 조건에 따라 달라지는 철학과도 같다. 다시금 복잡다단한 현실에서 발생하는 많은 문제와 벽을 넘어설 최적의 느림과 빠름을 적용하려 노력하고 그 결과를 오늘도 기다린다.

질문과 대답

　사람의 인연은 질문과 답변에서 시작하는 것 같다. 첫 만남에서 서로의 첫인상을 통한 선입견(어떤 대상에 대하여 이미 마음속에 가지고 있는 고정적인 관념이나 관점)을 벗어나 대화로 질문과 대답의 흐름 속에 서로를 알아간다. 첫인상은 어땠지만 대화를 주고받다 보니 이러한 점이 이끌리고 좀 더 깊이 알려 다시 만남 속에 인연은 점차 굳어간다. 물론 첫인상에 빠져 모든 대화는 물 흐르듯 아무런 장애물도 없이 통과되어 깊은 인연으로 맺어진 경우도 있다.
　하지만 첫인상에서의 조금의 아쉬움이나 모르고 지나칠 수 있었던 상대에 대한 호감이 서로의 질문과 답변을 통해 교감이 이뤄져 마음을 주고받는 인연으로 이어지는 경우가 많다.
　그뿐인가? 별 관심도 없고 지나칠 수 있었던 사람이 대화 속에 담긴 진심과 의미가 전달되어 새로운 모습을 발견하고 관심을 넘어 단단한 인연으로도 맺어진다.
　이렇듯 사람들 간의 맺어짐이 단순히 인상이나 대화만으로 만들어지는 것은 아니겠지만 그 역할은 작지 않음도 알 수 있다. 인연의 끈은 풀어나가 보면 그 안에는 수많은 요인들이 얽혀 있다는 것을 알 수 있다.

다시 질문과 답변으로 돌아와 우리는 좋은 답변을 받기 위해서는 명확하고 상세한 질문이 필요함을 자주 느낀다. 우리는 질문과 답변의 여러 형태를 볼 수 있으며, 다음과 같은 사자성어가 있다. 우문현답(愚問賢答), 우문우답(愚問愚答), 현문우답(賢問愚答), 현문현답(賢問賢答) 등이 그 예이다. 그중 가장 많이 쓰이는 우문현답은 엉터리같이 어리석은 질문에도 현명한 답을 받아낼 때 사용하는 의미이며, 때로는 문제의 본질이 명확하지 않은 질문을 받고도 문제의 본질을 잘 찾아 대답할 때도 사용된다. 또 우문우답은 어리석은 질문에 엉터리 대답을 하는 것이며, 명확하고 좋은 질문을 주었음에도 본질을 벗어난 엉터리 답을 받을 때인 현문우답도 있다. 당연한 상황에서 이뤄지는 좋은 질의응답인 현문현답은 많이 사용되지는 않지만 의사소통의 가장 근본적 자세이다.

이러한 좋은 질문과 답변으로 서로의 대화와 소통을 추구하는 것이 기본이지만, 좀 더 넓은 시각에서는 세상의 모든 질문에 틀린 것이 없으며, 그에 대한 대답도 잘못된 것이 없다고 생각하면 더욱 좋은 교감을 이룰 수 있다. 질문과 답변이 고의적으로 나쁘지 않다면 질문과 대답은 잘못된 것보다는 무성의한 것이다. 이 의미는 본인이 가진 의지와 배경으로 표현한 최대한의 질문이라면 그 질문을 파악하고 이해하여 답변하는 것이 최선의 답변을 할 수 있는 자세이다. 더불어 자신의 대답은 상대 질의자에 대한 기본적인 예의이며, 자신이 가진 지식과 경험을 바탕으로 성의를 가지고 답한다면 상대와의 관계 형성과 유지에 매우 중요한 역할을 하게 됨을 알 수 있다.

  궁극적으로 질문과 대답을 통한 관계의 형성과 지속 가능한 유지는 연결, 소통, 파악, 이해, 공감에 이르는 핵심적인 요소라는 점이다.

  또한 사소한 문제나 불충분한 이해로 만들어지는 인연의 끈에 대한 꼬임은 어디서나 발생한다. 이때 꼬임을 풀기보다는 잘라내는 것이 더 쉽지만 우리는 지속적 자기 성찰과 다양한 노력으로 이를 극복해야 한다. 즉 이런 상황이나 문제를 이해하지 못해 만들어지는 서로의 질문이나 대답은 지극히 주관적인 것이지만, 상대에 대한 존중과 진심을 전하려 대화하는 것이 근본이 되어야 한다는 것이다.

  상황이나 문제에 맞지도 않은 엉뚱한 질문이나 파악되지도 않고 이해도 못 한 상태의 답변은 상대에게 어떠한 만족도 줄 수 없으며 서로의 실망만 만들 뿐이다. 왜 그렇게 생각하는지에 대한 질문에 대한 요지의 파악과 함께 상황을 이해한다면 진실한 답변은 자연스럽게 성의로 받아들여지고 감사함을 받을 것이다. 그리고 답변에서의 상태와 자세도 중요한 요소이며, 모르면 모른다는 답변조차 상황에 맞춰 전한다면 상대에게 받아들여질 것이다.

  다시금 우리가 주고받는 질문과 대답은 대화와 소통의 가장 중요한 요소로 인식해야 할 것이며, 이를 통해 서로의 만족감을 형성되는 관계는 인연이란 끈으로 이어진다는 과정을 이해해야 할 것이다. 질문도 대답도 잘못된 것이라 선입견을 가지기 전에 질문에 대한 파악과 이해를 통해 상대를 만족시킬 수 있는 성의 있는 자세와 대답으로 전해지면 지속 가능한 관계는 이뤄진다.

  누구에게도 고의가 없다면 잘못된 질문과 답변은 있을 수 없으며, 질문과 대답을 통한 대화와 소통은 새로운 관계를 이어주고 인연으로 발전할 수 있을 것이다.

장례 예행연습

죽음은 마지막이 아니라 또 다른 시작이라고 종교에서는 말하고 나도 그렇게 받아들여진다. 가보지 않은 알 수 없는 길이기에 막연히 생각하면 불안하고 두려움만 가득하다. 죽음에 따라 애도하는 것도 살아온 일생을 돌아보는 것도 어렵고 일순간에 사라지는 것으로 느껴진다. 다들 바쁘게 움직이고 변화하는 최근의 현실이 그렇게 만든 것 같다.

하지만 죽음은 우리 인간에게는 세상의 마지막이라는 가장 큰 두려움임은 틀림없는 사실이다. 그러한 죽음을 애도하는 장례식을 언젠가부터 인생사의 하나의 멋진 이벤트로 만들고, 슬프고 어두운 모습이 아니라 가상의 자신 장례식으로 꾸며내고 있다. 이를 통해 살아 있을 때 감사함, 아쉬움, 미안함과 고마움 등을 초대한 지인들에 전하고 당부와 유언도 남긴다는 것을 전해 들었었다. 물론 나는 코미디 같은 쇼나 해외 토픽으로만 보았을 뿐이다. 아마도 태어남을 축하하고 기념하는 이들이 행하는 많은 행사나 이벤트처럼 생을 마치고 돌아가는 죽음에 대한 장례를 다른 의미로 해석하고 축제같이 진행될 수 있음을 보여주는 특이한 행사인 것이다.

일본의 경우에도 모의 장례식과 유사하게 '생전장(生前葬)'이라는 행사가 간간이 행해지는 것을 뉴스나 토픽에서 볼 수 있었다. 주요 진행 내용은 '개회 인사-주최자(본인) 인사-친족 또는 아내(남편)의 대표자 인사-자신의 지난날 회고 또는 영상물 공연-건배/회식, 환담(친구나 유지의 연설을 곁들임)-여흥-본인 인사-폐회 인사'의 순으로 치러진다 한다.

그 외에도 죽음에 대한 다양한 이벤트는 각국에서 다양하게 특별한 행사로 치러지고 많은 사람들의 관심을 받고 있다. 이는 살아 있는 동안에 최선을 다했겠지만 모든 일이 완벽할 수 없었고 미처 정리하지 못한 부분이 남아 있어 언젠가 돌아가야 할 삶의 마지막을 자신도 지켜볼 수 있는 기념과 마무리의 의미로 가지고자 하는 열망으로 느껴졌다.

우리나라에서도 세상을 떠난 뒤 별도의 장례식을 치르고 싶지 않아, 팔순 잔치를 세상을 떠나는 작별파티로 예행연습같이 장례식 리허설을 치른 경우가 있었다. 아름다운 빚을 소망으로 갚는다는 타이틀로 치러진 소망 소사이어티의 창립자인 유분자 씨의 행사였다. 평소 'Well-Dying'을 생각하며 비우고 떠나는 의미의 생전 장례식을 치른 것이다.

생전에 만난 많은 사람들을 초대하고 그들과의 인연과 추억을 떠나기 전에 아름답게 회상하며 정리하고 싶어 했던 것이다. 그리고 자신이 묻힐 때 하나의 묘비를 세우고 남은 이들에게 묘비에 남기고 싶은 글을 미리 만들기도 하였다.

우리나라의 장례에 대한 의식은 과거로부터 지역적 가문별 종교

별로 다양한 절차와 복잡한 방식으로 중요한 행사로 진행되었다. 그러나 이로 인한 문제들은 때로는 정쟁의 빌미가 되어 역사에 기록되고 남은 사람들을 더 깊은 문제에 빠지게 했다. 그리고 떠나는 사람의 풀지 못한 숙제들이 남은 사람에게 고통으로 남기도 하는 사례도 많았다. 더불어 허례허식으로 인해 실속은 없으면서 겉으로만 거창하게 꾸며져 오히려 가는 사람에 대한 추억이나 기념이 아니라 정성도 없는 과시에 지나지 않는 경우가 많았다.

나도 기회가 된다면 이런 무의미와 문제를 벗어나 멋진 삶의 마무리를 살아서 주최하고 싶다는 생각을 가지게 되었고, 감사와 사죄 등의 몇 가지 의미 있는 모습과 일들을 행사에 담고 싶다.

세상을 살아가며 나와 함께 인연을 맺어 희로애락을 겪었던 사람들을 초대하고, 추억을 회상하는 것은 물론 내가 풀지 못했던 것들을 조금이라도 설명하고 용서를 구하고 싶기도 하다. 특히 나와의 인연으로 인해 피해나 고통이 있었던 분들에게는 그 연이 끊기기 전에 사죄하고 최소한의 위로라도 드리고 싶다.

그리고 나는 떠나기 전에 후회나 회한의 모든 것을 지우고 싶으며, 조그만 흔적을 남길 수 있는 기회가 주어진다면 이렇게 쓰고 싶다. "나는 노력하는 가운데 잘 떠나간다."라고 쓸 것이며, 못다 한 미련이나 숙제도 훌훌 털어버릴 것이다. 그리고 누구보다 멋지게 다음의 여행을 가볍게 떠나고 싶으며, 나로 인한 아픔이나 그리움은 더 이상 그들에게 남기고 싶지 않다.

음악과 테스형

음악은 시대의 흐름과 문화의 다양함을 따라 선율(멜로디)·장단(리듬)·화성(하모니)의 기본 3요소를 포함하여 감정과 사상을 담아 전달하여 공감하는 예술로 수많은 형태로 발전되고 중추적인 역할을 차지하고 있다. 이렇게 만들어진 음악은 연주와 노래를 통해 수많은 사람들의 아픔과 슬픔을 달래주고, 기쁨과 즐거움을 함께하며 삶의 더 큰 감성과 감정을 일깨워 주는 역할을 하고 있다. 더욱이 교통, 통신, 전자 기술 등의 발전과 더불어 시공간을 넘는 교류가 쉽게 이뤄지면서 수많은 음악이 다양하게 창작되고 공연되고, 아름다운 노래들은 가수와 악기들을 통해 문화를 넘어서는 종합 예술의 한 축을 형성하였다.

그중에서도 현대의 대중음악은 많은 사람들의 심금을 울리며, 지역이나 문화를 벗어나 다양한 형태로 글로벌하게 발달한 기술과 함께 여러 매체를 통해 빠르게 공유되기도 한다. 대중음악이 작사와 작곡을 통해 작품으로 만들어지고, 훌륭한 가수들에 의해 더욱 풍부하게 우리네 심금을 울리며 가슴 깊이 스며들고 있다. 음악은 작사가, 작곡가, 가수뿐만 아니라 춤과 미술이 어우러져 더 멋진 종합 예술로 대중에 다가가고 있다. 더하여 과학의 발전과 함께 고도화된 기술은 음향 기기와 영상, 무대 등을 완벽하게 구성하고 감정과 감성을 담아 더욱 큰 감동을 제공하여 준다.

즉, 음악이 미술과 과학 기술 등과 융합되어 더욱 고도화되고 종합 예술로 지속적으로 발전하고 문화와 혼합되어 변화를 멈추지 않고 있다. 단순히 멈춰 있는 지역의 것이 아니라 민족과 문화를 넘나들며 인류가 함께 감동하며 대중이 호응하는 장으로 이미 전개되었다.

그 가운데 순수 음악을 고수하며 스스로 작사, 작곡, 편곡에 노래까지 만들어 가는 싱어송라이터와 노래만을 전문으로 하는 가수와 기존의 노래들을 자신의 방식대로 음미하고 해석하는 알려지지 않은 수많은 노래꾼들도 대중을 위해 활동하고 있다. 또한, 잊히거나 멈춰버린 노래를 다시금 해석 받고 대중의 부름을 받거나 원곡을 새롭게 펼쳐주는 리메이크를 통한 재해석으로 역주행을 하는 노래들도 있다.

이러한 음악들은 나에게 뚜렷한 소질이나 특기로는 가져지지 않았지만 시간의 흐름에 따라 많은 변화와 의미는 주었다. 학창 시절엔 과목의 하나로 재미와 고통을 주는 이론과 실기시험으로 있었고, 젊음을 표현하는 하나의 꿈과 같이한 노래들도 있었다. 또 라디오나 TV를 통해 국내외의 유행가들에 심취해 수많은 밤을 지새우기도 했으며, 음악감상실이나 음악다방에서 DJ에게 이끌려 무도한 도전도 했던 기억도 있다. 클래식과 팝, 유행가를 넘나들던 나의 중심 없는 음악적 취향은 그다지 전문적이지는 못했지만, 친구들과 어울림에 많은 역할은 준 것 같기는 하다.

그중 나의 어린 시절의 한 영웅적 가수인 나훈아 선생도 있었으며, 〈고향, 홍씨…〉와 〈테스형〉이라는 노래가 기억에 남고 아직도 가끔 흥얼거리고 있다. 〈테스형〉이라는 노래는 나훈아 선생의 토속적이고 감성적인 노랫말과 다르게 중년을 지나 2020년 추석 특집으로 일흔을 넘은 나이에 발표한 노래였다. 연로 가수가 한국인도 아닌 고대 그리스 철학자인 소크라테스에게 질문 형식으로 던지는 세월과 사랑이 함께하는 인생의 노래였다고 생각한다.

〈테스형〉
어쩌다가 한바탕 턱 빠지게 웃는다
그리고는 아픔을 그 웃음에 묻는다
그저 와준 오늘이 고맙기는 하여도
죽어도 오고 마는 또 내일이 두렵다
아! 테스형 세상이 왜 이래 왜 이렇게 힘들어
아! 테스형 소크라테스형 사랑은 또 왜 이래
너 자신을 알라며 툭 내뱉고 간 말을
내가 어찌 알겠소 모르겠소 테스형
울 아버지 산소에 제비꽃이 피었다
들국화도 수줍어 샛노랗게 웃는다
그저 피는 꽃들이 예쁘기는 하여도
자주 오지 못하는 날 꾸짖는 것만 같다
아! 테스형 아프다 세상이 눈물 많은 나에게

아! 테스형 소크라테스형 세월은 또 왜 저래

먼저 가본 저세상 어떤가요 테스형

가보니까 천국은 있던가요 테스형

아! 테스형 아! 테스형 아! 테스형 아! 테스형

아! 테스형 아! 테스형 아! 테스형 아! 테스형

  그는 아프고 힘들 때 아버지 묘소를 찾을 때 쓴 글을 작곡하여 부른 노래였고, 그냥 부르기에는 무겁고 슬프기만 한 것 같아, "너 자신을 알라."라고 한 소크라테스라는 위인을 테스형으로 친근하게 부르며 질문 형태로 했다고 한다. 즉, 돌아가신 아버지를 직접 노래에 담아 부르기보다 테스형에 입혀 다가가기 쉽게 표현하였다. 그리고 삶과 죽음의 인생, 그리고 현실과 이상에 사랑과 아픔을 담아 대중에게 전달하고자 하는 그의 의지를 표현해 찐한 메시지를 던져 주는 것 같았다.

  그리고 시절의 문제와 세상의 혼잡함을 자신이 소화해 희망과 자책으로 표현하였지만, 그래도 해결되지 않는 세상의 아픔과 어려움들을 호소하고 절규하는 듯한 반복의 메아리가 전해져 멍한 가슴을 진정할 수 없는 감동을 가졌다. 이 시대를 살아가는 모두에게 스스로 돌아보고 다시금 되새겨 볼 수 있도록 하는 찐한 의미를 전해주는 노래였다.

  짧은 나의 지식과 견해로는 음악이라는 전체를 표현하기는 어려웠지만 나름의 생각을 간략히 정리해 보았고, 테스형이라는 엄청난 노래까지 음미해 보며 그분께 감히 누를 끼치지 않을까 염려하며 이 글을 적어본다.

꿈을 찾는 마을(The Dream-Seeking Village)

나는 내가 꿈꾸는 나이 든 내가 돌아갈 하나의 미래 마을을 만들고 싶었고, 그에 대한 기획을 글로 옮겨보고자 한다. 현실로 이룰 수 있다면 하는 마음으로 글로 옮기며 미래를 그려본다.

그 마을의 이름은 '망각의 마을(Village Of Wishing Realization)'을 바탕으로 '꿈을 찾는 마을(The Dream-Seeking Village)' 중에 선택하고자 한다. 망각은 망(忘, 있을 망)과 각(却: 물리칠 각)이라는 한자어로 기억에서 아주 사라진 상태로 잊어버림을 의미한다.

하지만 '망각(忘却)의 마을'은 어떤 사실을 잊어버리는 사람들이 모여 사는 사람들이 희망(希望)을 가지고 어떤 일을 이루거나 하기를 바라는 마음과 행동으로 이뤄가는 곳이다. 즉, 우리는 어떤 충격이나 나이가 듦에 따라 많은 기억들이 잊혀가고 잊어버리는 상황을 맞이한다. 이를 단순히 환자로 생각하며 의료적 치료에만 의지하는 것이 아니라 잊혀가는 만큼 또다시 생겨나는 꿈과 희망을 더 큰 의미로 받아들이고 이를 긍정적으로 만들어 주어 사회적 환경을 부가했으면 하는 것이다.

그래서 그냥 망각에 머무는 것이 아니라 '꿈을 찾는 마을'을 만들어, 그 끝없는 꿈을 이어가며 새롭고도 새로운 세상을 함께 열어가

자는 것이다. 그 마을에서는 일반적인 것이 망각에 스며들어 이해하고 지원하며, 망각에서 일깨워지는 꿈과 희망을 현실로 제공하고, 더 명확한 순환적 사회로 꾸며가는 것이다. 즉, 우리 모두에게 망각은 언제든 올 수 있고, 그 속에서 다시 꿈과 희망을 가질 수도 있다. 그래서 망각의 헤맴에는 전문적 치료는 기본이며, 함께할 수 있는 사회적 기반과 지원은 반드시 갖추어져야 함을 느꼈다.

좀 더 나 자신을 대상으로 구체화해 보면, 예순으로 접어든 지금은 조금씩 망각을 경험하며 때로 두려움과 함께 무한한 걱정이 늘어나기만 한다. 더불어 아직은 심하지 않고 심신이 그리 나쁘지 않아 나보다 더 많은 망각을 가진 분들께 조그만 지원과 함께라는 어설픈 봉사를 생각하기만 했다. 그래서 어느 날부터 좀 더 구체화하고픈 마음이 생겼다. 그리고 언젠가 나도 모르게 망각의 늪에 빠지게 된다면 자연스럽게 그 속에서 꿈을 그리고 싶다는 생각도 가졌다.

'꿈을 찾는 마을'은 이렇게 나에게 다가왔고, 부족한 그림을 그려간다. '꿈을 찾는 마을'은 절대 누구의 소유가 아니라 우리의 마을이고, 언젠가는 조건 없이 다음으로 전해지게만 해야 한다는 기본 전제로 그 마을의 크기나 구성의 영역은 제한이 없어야 한다. 그리고 운영이나 관리의 모든 요소는 공개적이어야 하며, 누구에게도 소유나 권한의 크기는 없다. 단지 각자의 역할은 당연히 존중되고 자유민주주의를 근본으로 단지 집중과 경쟁을 지양하자는 것이다. 더불어 독자적이고 폐쇄성을 벗어나 현재나 미래의 사회와 다른 이웃들을 서로를 존중하고 교류를 지속하는 것이다.

하지만 자체적인 자급자족은 각 구성원의 자율적 참여로 능력을 발휘하고 자원으로 활용되며, 부족함은 외부와 연계하여 채울 수 있는 시스템을 갖추고자 한다. 여기에는 정부/지자체/기관/기업들의 지원이나 봉사활동도 당연히 '꿈을 찾는 마을'을 만들 수 있는 기반이고, 과제들을 해결할 수 있는 방안의 중요 요소이다.

그중에 지자체와 경찰 및 보건소, 소방서 등의 연계와 협력은 시범사업을 기반으로 '꿈을 찾는 마을'을 형성시키기 위한 지역 선정과 인허가를 포함한 첫 번째 요소이다. 더불어 선정된 지역의 사회와의 연대와 유대를 위한 교류는 다름에 대한 이해와 협력 등이 필수적이며, 두 번째 성공의 요소이다. 이러한 두 가지 요소는 초기 기획부터 프로젝트 진행 단계인 계획과 설계, 시공, 완공, 승인, 운영, 유지 보수, 확장 등에서 지속적으로 협의와 조정 등을 거쳐야 원활하게 목표를 이룰 수 있다. 그뿐 아니라 시범 기획 사업을 통해 가능성이나 성과를 볼 수 있다면 운영 모델의 개선과 확대를 통해 전면적인 전개가 가능한 하나의 사회를 구축할 수 있을 것으로 생각한다. 이런 가능성은 다양한 형태로의 혁신을 제공하고 현실의 사회와 지속적인 연계와 협력을 유지하며, 최근 글로벌 화두로 대두한 ESG(환경, 사회, 지배 구조)와 동행하는 지속 가능한 새로운 마을을 만들 수 있다 확신한다.

또 '꿈을 찾는 마을'에는 자율적 운영 시스템이 작동하며, 모든 운영(회계/기록/계획/실적)과 관리의 투명성과 개방성을 가지고 있다. 그 시스템에는 다른 생각과 행동을 가진 분들께는 보호보다는 도움과 지원이 이뤄지며, 편안함만을 추구하는 것이 아니라 안전하게 하고자 하는 일을 찾아줄 것이다. 그 사회는 이해와 설득할 수 있는 체제를 만들고, 가고자 하는 길을 인도하며 함께할 수 있는 어울리는 사회로 있을 것이다.

  나는 다시금 노래한다. '꿈을 찾는 마을'에서는 하나씩 잊혀 가지만 그래도 해야 하는, 하고 싶은 일들을 여기서 멈출 수 없어 그 끝은 알 수 없지만 지속 가능성을 가지고 가려 한다. 누군가에게는 다르긴 하지만 우리는 함께 이해하고 함께 만들어 갈 것이다. 어떤 모습일지 누가 참여할지 어디일지는 모르지만 필요한 프로젝트이고, 하고 싶은 일들이기에 기꺼이 참여해 주길 바란다. 누구에게나 이렇게 뭔가는 잊히겠지만 아직 남은 것이 많고 할 수 있는 무언가가 있다면 찾아갈 것이다. 영원히 이 길이 끊어지지 않을 것이다. 그러므로 잊힌 기억을 넘어 함께 만든 마을에서 새로운 꿈마저 찾을 수 있는 아름다운 동네로 완성될 것이라 믿는다. 나도 여기서 그들과 함께 살다 언젠가 나 또한 또 다른 그들과 함께하며 다시 그들에게 의지하며 꿈을 꾸는 세상을 그려 보이리라.

  꿈을 찾는 마을은 누구에게나 언제나 열려 있고 함께 참여하고 생활하면서 만들어 가는 새로운 사회를 꿈꾸는 대로 만들어질 것이라 다시금 믿으며 짧게 표현해 보았다. 아마도 내가 생각하고 기획했던 '꿈을 찾는 마을'은 미흡하고 부분적인 모순을 가지고 있으리라 본다. 그래서 더 나은 의견과 지원이 지속적으로 필요하며 함께할 수 있는 더 좋은 세상을 만들어 갈 전문가들에게 그 절실함을 전하고자 한다.

PART 2
마음속의 풍경들
시

2개의 생일

지구는 스스로 돌고 있다

달이 지구를 바라보고 돌고
지구는 태양을 중심으로 돈다

밤과 낮을 바꿔 가며
달을 보고 해를 찾는다

수많은 별들은 각자의 의미를 만들며
자리를 바꿔서 하늘을 꾸며 간다

그렇게 2개의 생일이 만들어졌다
내일을 기다리며

바람 I

눈을 감아도 느껴지는
시간을 따라 흐르는 추억 속에

얼굴을 스치며 남겨진 자국들이
나를 꿈속에 헤매이게 한다

지우고 싶은 어제는
너무나 아련하게 꾸며졌고

놓치고 싶지 않은 오늘은
표적을 찾아 떠나려 화살처럼 꿈틀이고

멋진 빛으로 그려지는 내일도
망상과 교란에 번잡해지는 지금

바람 II

기다림은 바람이다
바람은 무(無)다

그 안에 아무것도 없이
허망한 소리들만 가득하고
막힘없이 지나친다

가끔은 만나던 희망도
거품처럼 또 다른 모습이고
다음을 외친다

어제부터 기다린 바람이
오늘을 멈추게 한 바람이
내일도 고요한 소용돌이로 다가온다

일들 속에서

하고 싶은 일에
해야 하는 일에
할 수밖에 없는 일에
얽히고설킨
자신을 지키려 합리화를 찾는다

하기 싫은 일에
할 수 없는 일에
회피하고 외면하면서
남을 탓하고 객관성을 펼친다

어차피 선택할 기로에서
한 번은 가야 하는 길이라면
한 번은 나를 던져야 하고
두려움과 고통은 참아 이겨야 한다

여행에서

집을
나설 때 다가오는 두 마음
설렘에 보이는 구름
고생 따라 느끼는 외로움

그렇게 여행은 시작되고
보이는 낯선 마음
이해 못 하는 얼굴
삶과 인연 속에 뒤섞인 만남
다양한 빛과 모험담에 묻혀지는 어색함

낮과 밤의 변화에 적응하며
기온과 날씨에 맞춰지는 꾸밈
감탄과 환호에 바람 따라가는 여정

그렇게 여행은 각인되어 추억하고
피곤에 묻어나는 정리의 시간에

오늘도 또 다른 여행을 떠나고
내일은 더 큰 꿈을 꾼다

여행

혼자 떠나는 자유로움
하나로 즐기는 고즈넉함
하나로 느끼는 여유로움
하나로 가지는 자연스러움
하나로 담아낸 경이로움

하나는 용기와 자부심이다
혼자는 투쟁이고 외로움이다
하나는 부러움이고 환상이다
혼자는 고난이고 고통이다

혼자는 하나이다
하나는 혼자만은 아니다

산에서는

갈림길 등산로 입구는 불타고 있다
누군가 동행을 위한 기다림과 만남
각자 다른 의미를 향한 경쟁의 시작으로

포기를 유혹하는 깔딱 고개는 원성에 싸여 있다
가파른 산을 오르며 내뱉는 거친 숨결과
저마다 소원하는 바를 달라는 외침으로

마침내 다다른 정상은 복잡하다
세상 다 얻은 영웅의 덧없는 손짓 같은 정복과
또 다른 목표를 향해 가려 하는 욕심들로

가수

흥얼거리는 나만의 노래가 아니라
의미 없이 흘리는 콧노래가 아니라

누군가에게 기쁨을
어디에선가 의미를
무엇인가에 채움을
다시금 듣고픈 그런

바람 불면
비 내리면
눈이 오면

안개 속에도
구름 속에도
태양 아래도

어느 때

어떤 상황에서도

위로가 되고

함께할 수 있는

그런 노래

화가

하얀 캔버스를 어떻게 채울지
그리고 지우기를 여러 번

밑그림도 그려지기 전에
세상은 어둠을 따라 숨으려 한다

동트기를 기다리다 못해
긴긴밤이 하얗게 넘어간다

촘촘히 메워져 가는 미지의 세상
화가의 땀과 혼이 녹아든다

얼룩진 화구들에 인고가 묻어나고
완성되어 가는 작품에 익는다

세상의 한 공간은 감상의 늪을 만들고
화가의 의미와 숨결로 전해진다

수없이 흩어진 나날이 작품들에 담기고
화가는 오늘도 또 다른 상상을 부른다

후~ 큰 숨 고르기와 함께 미래를 잉태하고
끊임없는 의지의 작품이 캔버스를 품는다

무조건

그래요
좋아요

어떤 것이든
무엇을 하든
어떻게 하든

좋아요
그래요

언제 어느 때
어디에서나
누구라도

그래 그래요
좋아 좋아요

태양은

어둠에 갇힌 세상을 열어줄
비바람과 폭풍의 혼란을 정리할
구원의 불빛을 지니고 다가와

대지를 불태우고
마지막 남은 생명마저 지워버린
사막의 황량함에
남은 재마저 날려버린
그대는 위대하게
누구도 가지지 못할 힘을 가진 채
수많은 이름으로 불리는 불과 빛의 신

깨지지 않은 미지의 기록
짧은 인류의 상상으로 풀지 못한 숙제
불가사의의 이상향보다 큰 의미들
그저 상상으로 그려낸 당신의 모습

그릇

비워도
비워도
비워지지 않고

채워도
채워도
채워지지 않는

조그마한
찌그러진
내 마음

역(驛, Station)

그 누군가가 오고 가는
아쉬움과 반가움은 눈물과 환호로 섞이고
만남과 이별의 혼잡이 어우러진 장

시작과 종착 그리고 연결을 만들며 거쳐 간 세월에
말과 마차는 먼지 따라 사라졌고
굉음으로 울부짖던 내연 기관도 연기 뿜으며 떠났으며
바람을 가르는 전기 타고 초고속이 달린다

그치지 않는 사람들의 욕망의 발걸음
역사(驛舍)는 역사(歷史)와 함께 흔적을 남기고
수많은 노선의 얽힌 실타래로 남은 사연과 추억들

비우기

모두들 번잡함이 가득 찬 세상에
서로의 다툼과 아픔을 담고

자신을 돌아보지도 못한 채
더 좋은 더 높은 것들만 바라보며
미처 비우지 못한 미련과 욕심을
얄팍한 참회로 정화하고자 한다

씻고 닦아도 지워지지 않는 무한의 흔적과
아직도 남은 회한들은 버리지 않은 채
담기만 하려다 한정의 시간만 먹고 있다

세상은 돌고 돌아 채워야 할 것은 넘쳐나지만
빈 곳이 없어 헤매다 의미 없이 담긴 채
혼란만 가중하여 모두의 어깨를 짓누른다

참되고 의로운 길을 찾아

오늘도 떠나는 구도자의 고난이 멈춰져
애처롭고 모자란 모두를 열어줄 내일을 기다리며

여행은

긴 밤도 지나친 설렘
이동에 잠 못 깬 채 스치는 뭇 경치
지연과 대기 속에 잠겨버린 시간들
그래도 그 속에 나는 즐겁게 태동한다

상상을 넘는 쇼와 경치에 감탄하며 보고
갖은 음식의 향연을 즐기며 먹고
이국의 정취에 젖어 영롱한 밤까지 느끼며
지금은 너무나 황홀한 시간을 추억을 만들며 누린다

현실이 비켜버린 편안함에 시간을 지워버렸지만
다시금 그리워지고 염려되는 내일의 일상
지나쳐 가는 안타까움과 시나브로 다가오는 아쉬움
다시금 꿈꾸는 계획과 상상 속에 나는 취한다

짝

젓가락은 혼자보단
둘이 조화롭고

숟가락은 짝이 없음에
젓가락과 동반하며

가위는 중심이 하나로
둘을 조합하네

짝 없음에 외로움을 가진
혼자가 아니어서 번잡함을 가진 이에게…

겨울의 마지막은

식어버린 겨울의 그림자는
길게 늘어진 등불 따라
바람이 부는 대로 흔들린다

갈 길 잃은 나그네의 마음은
방향 없이 떠도는 바람개비 같고
요란한 소리에 귀 기울인다

누군가를 기다리던
그 겨울의 마지막 잎새는
찰나에 정처 없이 날아간다

지하철

굳은 땅 몰아내고
어둠을 헤쳐나갈 지하 길 개척한다
하나 둘…
어느덧 아홉을 넘어

그대들 이름까지 부른다
분당아!
서해야!
한 서린 아픔과 상처 품고
지난 긴 세월 말없이 지켜온
수인과 경춘과 경의도 이어준다

지하에서 땅으로
바다와 맞닿은 하늘까지
그다음은 어디로

북한산

차가움에 하늘을 연 겨울 산에서 고통을 본다
소복한 눈과 말라버린 나무 사이로 살 에는 바람
얼어붙은 길을 지나는 등산객의 아이젠과 스틱

겨울을 이긴 봄이 오면 희망을 느낀다
연두의 형광 따라 안개 걷히고 꽃을 부르는 봄기운
언 길 녹이는 태동과 함께 따스한 사람들 온기

여름의 그곳에는 다시 답답함이 있다
된마도 없다는 오직 뜨거움만 주는 기상대 예고
열대야에 잠 못 드는 어둠과 잡초들의 키 재기

여름 넘긴 가을엔 영화를 가진다
하늬바람 따라 오색 뽐내는 단풍의 향연
시인과 화가를 키우는 온갖 감동과 환희

이렇게 여기에서 난 인생살이를 넘는다

오름과 내림 또 다른 의미의 변화

사계절과 함께하는 생로병사와 삶

아쉬움

지난겨울의 긴 고통을 남긴 채
봄이란 아지랑이 바람 앞에
한껏 부풀어 오른 몽우리를 머금고 있다

어디선가 태동한 미지의 저 꿈들이
활짝 핀 자태 뽐낼 그날을 그리며
못다 한 아쉬움 펼칠 준비 한다

세상은 그저 의미 없는 희망을 전하지만
햇살은 흔적 지워 미래를 비추고
완성을 향한 몸부림에 끝없이 전진한다

움

긴 어둠에 타들어 간 가슴이
싸늘한 진눈깨비 뒤에 살짝 부풀었다
형언할 수 없는 형광빛 연두색 머금고

두터운 껍데기에 덮였던 얼굴을
아침을 깨는 기적 따라 봉우리 짓는다
화사한 웃음을 황홀한 연분홍에 담아

누군가 반겨줄 소식 찾는 바람은
언덕을 버리는 흔적처럼 밀려온다
꽃불 가득한 화려한 초록의 향연으로

신문명

―창궐하는 COVID-19에 2020 하늘은―

남녘의 황금 뜰이 무너졌다

결실이 무엇인지 모른 채 헤매다
꿈은 따스했던 정과 함께 사라지고
거품에 쌓여 앞 모를 경쟁을 하고 있다

여기는 허망한 희망이 들불처럼 번진다

고즈넉한 노을에 흩날리던 풍경과
고소함이 연기 속에 피어나던 저녁은
고스란히 낡은 사진틀 속에 갇히고

허황한 오늘은 잊고 내일을 다투며
허무한 약속과 난무하는 자랑들이
허수아비를 쓰러뜨려 짓밟는 모습들만

사라진 저 뜰에 또 다른 문명이 꿈틀댄다

봉정을 찾으며

계곡의 끝이 그곳이라기에
굽이굽이 돌고 돌아도 다리만 무겁고
왜 이리 길기만 한지 끝은 막힌 채

태산이 높다 해도 오르고 또 오르면
다다른다 했건만 가쁜 숨만 턱을 잡고
지금의 이 길은 어디에서 마쳐지나

바라고 바라던 소원은 어떻게
어디에서 찾을 수 있을지 애원해도
누가 주려나 고요한 적막만 남아

헛된 꿈과 희망은 구름으로
타버린 재 속에 향으로 잠기고
백담의 바람은 봉정을 지나 그곳에

봉정을 그리며

새벽 어스름함을 열고
내 모든 것 담고 있는 둥지를 벗어난다

긴 고뇌와 안식을 가지는
도시 빌딩들의 드문드문 빛들을 뒤로하고

또 하나의 일력을 넘기려
형태도 갖추지 못한 산들을 깨우는 시간에

자신의 존재와 위치를 알리는
주홍빛 일출의 서막이 함께 요동친다

뭔가를 찾아 떠나는 이들의
발걸음과 마음들은 경주하듯 내닫고

관심도 주지 않는 가로수와
어슴푸레한 길들은 무심히 지나침을 용서함에

나 또한 무엇을 얻으려
고행을 통해 부족함을 갈구하며 채우려 한다

봄 II

봄은 여전히 온다

시샘하는 편서풍이 불어 세상을 흔들고
차가운 눈비 내려 꽃봉오리 잡으며
밝은 오늘을 가두는 짙은 황사 뿌려져도

확실히 봄이 온다

지난겨울의 아픔을 각인시켜 흔적을 남기고
연두 형광빛 새순의 꿈을 꺾으려 하며
내일은 피어야 할 개나리와 벚꽃의 초조함에도

봄 속에 우리는 있다

강남의 아침에

이른 아침을 깨우며
우린 모두 바쁩니다

서로를 바라볼 사이도 없이
스치며 부딪치고 지납니다

그 속에는 가깝고도 먼
기쁨과 아픔도 많습니다

조그만 것에도 엄청난 것에도
우린 견디기만 합니다

그리고 승리와 성공을 외치며
그렇게 떠납니다

내일은 그저 웃음으로
어제를 기억할 뿐입니다

비가 온 뒤에

바람이 불어야 비가 온다

구름이 흔들리며
어둠도 함께 다가온다
걸음이 빨라지고 어딘가를 찾아든다

그렇게 비가 자리 잡고서
모두들 조용히 기다리며 기회를 만들고
대지는 젖어 새로움을 찾아낸다

또 다른 소리에 후다닥 새는 날아간다
아마도 비가 잦아지고
모두들 바빠지는 모양이다

말끔히 씻겨진 세상은
제 색깔을 찾아 빛나고
그 안에 우리도 녹아든다

비가 온 세상은 맑고 깨끗해진다

PART 3
느낌에 다가온 '처럼'

시

'처럼'의 의미

'처럼'은 모양이나 정도가 비슷하거나 같음을 나타내는 격 조사로 우리의 언어나 생활에서는 많이 쓰인다. 무엇을 표현하기 어렵거나 좀 더 쉽게 알려주기 위해서나 하고 싶은 것을 대체하는 말에도 사용된다. 물론 좋은 말뿐 아니라 나쁘게 표현될 때도 활용하기도 한다.

또한 '처럼'은 강원도나 충청도 지역에서는 '마냥'이란 표현도 많이 쓰이고, 내가 자란 경상도에서는 '맹키로'라는 사투리를 사용하였다. 추가적인 사투리는 아래에 모음으로 정리해 보았다.

그 외에도 '처럼'은 비슷한 성질이나 모양을 가진 두 사물을 '같이', '듯이'와 같은 연결어로 결합하여 직접 비유하는 수사법인 직유법에서도 활용되고 있다.

또 '처럼'은 '같이'와는 서로 쓰임이 다르고, '처럼'은 '~처럼 어떠하다.'의 형태로 용언 서술형 의미 구조로 많이 쓰인다. 반면 '같이'는 '무엇이 무엇 같다.'라는 동격형 의미 구조로 활용된다.

이와 같이 나도 불현듯 떠오른 주변의 상황과 사물들이 전해주는 의미와 느낌을 '처럼'이라는 주제로 표현하려 했고, 미흡하고 습작의 수준이지만 조그만 17편의 시들로 꾸며보았다. 마치 작가처럼….

● '처럼'의 사투리 모음:

- 경상도: 맹키로, 맹크로, 매추로, 맨치, 맨치로, 맨추로, 매로, 매치러
- 전라도: 맹기로, 맹키로, 멩키로, 매이, 매이로, 매치로, 마이로, 매칠로, 맹이, 맹기, 맹으로, 매니롱, 맹클로, 치로, 칠로, 철로, 말로
- 제주도: 처름, 처록, 추룩
- 강원도: 마냥, 매루, 매름
- 평안도: 터렁, 터럼
- 함경도: 처르, 텨르

바람처럼

바람은
이유를 가지고 흐른다

뻥 뚫린 마음은
방향도 느끼지도 못한 채
바람에 실려 정처 없이 떠다닌다

구름처럼

가지고 싶고
담고 싶어도
무심한 그대는

달도 별도
사랑하고
가득한 태양까지
여닫으며

아무것도
가지지 않은 채
허공 속에
무한의 그림만
그려 댄다

비처럼

바람과 함께
구름이 몰려오고

비는 의미를 지운 채 내린다

비는 대지를 적시고
더 이상 젖을 것도 없이 흠뻑

비가 모여 물이 되고
세상 온갖 것들과
함께 하염없이 흐른다

눈처럼

소리 없이 내려
어두운 것들을 덮는다

차가움도 버린 채
포근함으로 위장한다

잠시
편안함을 열고
민낯을 드러내며 세상을 바라본다

돌처럼

모양과 형태에 따라
바라보는 마음 따라
의미와 사연을 담고
세상 모든 이름으로 불린다

시간과 계절에 맞추어
자연이 준 선물에 맞추어
다채로운 옷과 자태를 안고
우주의 신비를 보여준다

그래도 돌은 그냥 그 자리에 있다

물처럼

한 방울, 한 방울이
넘실넘실
물결 이뤄 흐르고
굽이굽이
골 따라 강 따라
윤회의 먼 길을 떠난다

불처럼

뜨겁게
환하게
꽃으로 일어나
화끈하게
연기로 산화되고
그리고 어둠에 묻힌다

낙엽처럼

세월이 흐름에

앙상했던 가지에
새순을 틔우고
형광 연둣빛을 밝히며
푸르름이 농숙해
온갖 교태 부리다
조화로운 채색을 한다

갖은 고초 겪으며
날락임
떨구고
모든 허울 벗고 본연을 찾는다

길처럼

길은
시작을
이정표를
목적지를 보여준다

나그네는 그냥 길을 따라 떠난다

철로처럼

가지런히 놓인
영원의 평행선 짝으로
서로를 의지하며
기차를 맞는다

둘이 하나가 되는
그곳을 찾아
기적을 울리며
기차는 또 떠난다

열차처럼

설렘에 머리카락 날리며
정겨운 만남과 함께 열차에 오른다

수많은 사연들이 흐르는 열차 칸에는
기대에 젖어 칙칙폭폭 함께 흔들린다

다사다난한 여행의 긴 마무리에
아쉬움 뒤로하고 열차는 떠난다

누리* 처럼

앞뒤도 가리지 않으며
천방지축의 모습으로
거리낌 없이 다가와

모두의 얼어붙은 가슴을
녹여 연결해 주고
기쁨을 가득 남기며
기억을 함께 만들었다

채우지 못한
욕심과 아쉬움 속에
달콤한 추억만을 남긴 채
기약 없이 떠난다

---

* 17여 년을 함께한 애완견 이름, 2025/03/31에 "저 하늘의 더 큰 별이 되었네."

봄처럼

계곡의 눈 녹으면
광활한 대지에 새싹 움트면
움츠린 가지에 꽃 피면
당신이 오시나요?

온 세상이 따스해지며
때맞춘 비가 오고
바람까지 함께하니
이것이 봄인가요?

여름처럼

작열하는 뜨거움을 던지며
스치는 바람을 느끼며
넘치는 푸르름에 담기는
이 시간을 환호합니다

느닷없는 폭풍우에 감기며
모두가 녹아 지쳐 허덕이며
뜻 모를 아우성에 몸서리치는
이 시간을 마감하고 싶어요

가을처럼

그 여름의 여운이 지워지기도 전
흔적이 남은 그곳들에는
가을이 다가오는 느낌이 보입니다

시간에 섞인 다양한 모습과
바뀌어 색깔들과 함께 잎새를 떨구며

선선한 바람은 파란 하늘로 물들고
밤을 부르는 온갖 소리 따라
가을은 깊이깊이 젖어듭니다

겨울처럼

어지러운 모습들
변해가는 마음을
이제 잠시 잡고 싶어

번잡한 거리의 소란을
풀리지 않는 숙제들
지금 이 순간에 머물게

아직도 발버둥 치지만
멈춰버린 시계같이
산은 마냥 그 자리에 있다.

꿈꾸는 내일은 묻혀지고
하고픈 일들은 막혀져서
세상은 더 빠른 어둠에 있다.

착각의 늪처럼

가끔 다른 생각으로
다른 일을
다른 사람에게
다른 장소를
다른 시간에

맞춰 놓고 헤매다
엉터리 조각을 조합한다

다시금 돌아봐도
까마득한 기억은
뒤섞여 혼란하고

채우지 못한 결과는
미제로 남아 아프지만

내일은 그 늪에서 빠져나와

온전한 추억으로 각인하려 한다

에필로그

　기억은 고요한 길입니다. 걷다 보면 어느 계절의 냄새가 피어나고, 누군가의 목소리가 불쑥 들려오며, 아주 오래된 내 마음의 표정까지 마주하게 된다. 단순한 회상이 아니라, 삶의 내밀한 진심과 사람과의 연결, 그리고 다시 걸어갈 길에 대한 은은한 갈망이기에 이 페이지가 아쉽다.

　우리는 누구나 망설였던 길이 있었고 지나쳐 버린 계절이 있었으며, 말하지 못한 사랑과 전하지 못한 미안함을 품고 살아왔다. 그런 나의 부끄러움과 그리움, 그리고 소망들을 두서없이 꺼내어 조심스럽게 펼쳐 보인 조그만 글이며 못난 소리이다.

　이 책에 담긴 글들은 지나간 듯하지만 아직도 내 안에 살아 있는 조각들이며, 기억은 사라지는 것이 아니라 시간이라는 강을 건너 빛나는 조각이 되어 남는다는 것을 이 글들을 엮으며 조용히 배웠다. 아버지의 지팡이를 떠올리며 쓴 글에서, 어머니가 삶아주던 콩나물 냄새 속에서, 그리고 친구들과 함께 걷던 바람길 위에서 나는 내가 지나온 조용한 삶을 다시 만났다.

이제 나는 이 글들을 하나의 여정으로 기억하려 한다. 부족하지만 내 마음을 다해 담았고, 이 글들이 누군가에게는 조용히 다가가는 바람 한 줄기가 되었으면 한다.

우리 모두의 삶은 어디론가 향하는 길 위에 서 있으며 언젠가 다시 여행을 시작하게 된다면, 그 길 위 어딘가에서 당신과 다시 만날 수 있을 것이다. 다시 만나도 웃고 이야기하며, 또 다른 멋진 추억을 꾸미고 싶다. 여전히 다시 마주할 계절이 있고, 다시 만날 사람들이 있기에, 그리고 내가 추억했던 모든 장면들이 아직도 내 안에 살아 숨쉬기에 나는 설렌다. 그동안 이 글에 함께 걸어주셔서 고맙고, 그리고 언젠가… 다시 만날 날을 기다린다.

2025년 여름을 아쉬워하며 지은이 드림

나의 메모리
반추

초판 1쇄 발행 2025. 9. 29.

지은이 백창현
펴낸이 김병호
펴낸곳 주식회사 바른북스

편집진행 황금주
디자인 김효나
마케팅 송송이 박수진 박하연

등록 2019년 4월 3일 제2019-000040호
주소 서울시 성동구 연무장5길 9-16, 301호 (성수동2가, 블루스톤타워)
대표전화 070-7857-9719 | **경영지원** 02-3409-9719 | **팩스** 070-7610-9820

•바른북스는 여러분의 다양한 아이디어와 원고 투고를 설레는 마음으로 기다리고 있습니다.

이메일 barunbooks21@naver.com | **원고투고** barunbooks21@naver.com
홈페이지 www.barunbooks.com | **공식 블로그** blog.naver.com/barunbooks7
공식 포스트 post.naver.com/barunbooks7 | **페이스북** facebook.com/barunbooks7

ⓒ 백창현, 2025
ISBN 979-11-7263-587-9 03810

•파본이나 잘못된 책은 구입하신 곳에서 교환해드립니다.
•이 책은 저작권법에 따라 보호를 받는 저작물이므로 무단전재 및 복제를 금지하며,
 이 책 내용의 전부 및 일부를 이용하려면 반드시 저작권자와 도서출판 바른북스의 서면동의를 받아야 합니다.